I0014735

Geheimnisse für Influencer:

Wachstums-Hacks für Twitch

Inhaltsverzeichnis

4

Vollständiger Leitfaden für potenzielles Wachstum auf Twitch

Sie möchten auf Twitch die bestmögliche Wirkung erzielen. Hinter dieser Plattform verbirgt sich eine großartige Möglichkeit, Ihre Follower mit den richtigen Aktionen zu vergrößern, Sie müssen alle möglichen Tricks kennen, um auf diesem sozialen Medium erfolgreich zu sein, das immer mehr Menschen, die diese digitale Ecke lieben, gibt.

Finden Sie heraus, was ist Twitch?

Hinter Twitch steht die Entwicklung einer Plattform, die dem Streaming gewidmet ist und die immer mehr im Trend liegt. Aus diesem Grund müssen Sie diesen Dienst genau kennen, damit Sie das Beste aus jeder Funktion machen können.

Seit 2011 erzeugte die Ankunft von Twitch gute Gefühle in der Online-Welt, in der Tat tauchte es als eine sekundäre Plattform und seine Nützlichkeit war so hoch, dass es die wichtigste wurde, bis zu dem Punkt, unter dem Schatten von Amazon, die ein Spiegelbild der Zahl der Nutzer, die diese Videospiel-Streaming-Plattform hostet.

Die meisten Spieler heutzutage folgen und genießen einen Twitch-Kanal, das ist ideal, um Live-Streaming zu genießen, es unterstützt alle Arten von Themen, aber die eine, die die meiste Macht erworben hat, ist Videospiele, auch Streamer haben Zugang zur Interaktion in Echtzeit mit jedem der Anhänger.

Der Dienst ähnelt im Großen und Ganzen YouTube, und diese Ähnlichkeit erstreckt sich auch auf das hohe Verkehrsaufkommen, aber er differenziert sich mit bestimmten Funktionen zum Geben oder Empfangen von Tipps, bis hin zum besten Videospiel-Streaming-Dienst mit mehr als 3,8 Millionen verfügbaren Kanälen.

Die Verwendung hinter Twitch

Um Zugang zu Twitch zu haben, nur um Inhalte zu sehen, ist es nicht notwendig, sich zu registrieren, aber wenn Sie ein Streamer sein wollen, müssen Sie ein Konto erstellen, was es wichtig macht, sich auf die Kategorie der Inhalte zu beziehen, zusätzlich zur Einbindung von Tags, weil das der Suche auf dieser Plattform hilft, Sie in eine bessere Position zu bringen.

Die Streamings, die mit den Tags verbunden sind, bringen jeden Follower näher an den von Ihnen ausgestrahlten Inhalt, das sind nichts anderes als Wörter in Grau, die sich unter dem Direkt finden, diese Art von Wörtern sind mit Trends verbunden und wenn Sie wollen, dass Ihr Inhalt Teil davon ist, müssen Sie nur die entsprechenden Tags platzieren.

Sie müssen berücksichtigen, dass Sie innerhalb der Kategorie zwei zusätzliche Abschnitte bekommen, genauso wie sie Videos und Clips sind, durch jeden von diesen finden Sie zeitversetzte Inhalte, diese kommen aus Live-Aufnahmen von anderen Tagen, der Unterschied zwischen dem einen oder anderen Abschnitt ist, dass die Clips Fragmente der besten Momente einer Aufnahme sind.

Twitch kann vielseitig genutzt werden und bietet eine große Vielfalt an Inhalten. Es ist also ein originelles Medium, um erstklassige Inhalte zu liefern.

Wovon hängt das Wachstum auf Twitch ab?

Sobald Sie einen Kanal haben, ist das Hauptziel, Follower zu bekommen, außerdem kann jeder Follower zählen oder Benachrichtigungen erhalten, wenn neue Inhalte gepostet werden. Es ist wichtig, dass Sie sich von hasserfüllten und diskriminierenden Kommentaren fernhalten können, da dies Grund genug ist, den Ersteller des Inhalts zu denunzieren.

Eine Funktion, die man in Betracht ziehen sollte, ist auch die Messaging-Funktion, um die Interaktion des Kanals mit den Nutzern lebendig zu halten, mit der Eigenschaft, Freunde hinzuzufügen, um Allianzen zu schaffen, oder eine Liste von Nutzern zu bilden, um einige interessante Kontakte zu erhalten, das Wesentliche ist, diese soziale Bindung lebendig zu halten, um die Aufmerksamkeit von mehr Nutzern zu erhalten.

Warum Twitch-Streamings immer beliebter werden

Wenn man auf Twitch erfolgreich sein will, muss man sich Gedanken über die Erstellung von Inhalten machen, denn die Dynamik besteht darin, dass die Leute anderen beim Spielen zuschauen wollen. Um dieses Interesse zu wecken, das für viele oft unverständlich ist, muss man sich neue Ideen einfallen lassen, um einen wirklich beliebten Kanal zu erstellen.

Die Themen, die am besten auf diese Plattform passen, sind solche, die Demos oder Vorabversionen von Spielen anbieten, die ein großes Publikum haben. Eines der deutlichsten Beispiele ist Call of Duty, wo jeder Fan die Details bekommen kann, die ihn am meisten interessieren und sogar eine Vorschau genießen kann.

Um einen Trend zu wählen, gibt es viele Websites, die Informationen über die Spiele, die ideal für Ihren Kanal sind, mit dieser Art von Daten bleibt nur die Aufgabe, gründlich zu studieren das Thema, das Sie präsentieren wollen, als Streamer ist eine Hingabe, das Beste aus einem Spiel zu entdecken, um eine lustige und interessante Zeit zu veröffentlichen.

Eine erste Entscheidung ist es, die Art des Themas zu definieren, das Sie im Kanal repräsentieren werden, dies ist wichtig, um Ihre starke Seite hervorzuheben oder freizulegen, um sie mit jedem Inhalt neu zu erschaffen, immer darauf bedacht, mit dem Thema innovativ zu sein, ohne das Charisma zu vernachlässigen, die Rolle, die ein Streamer spielt, ist entscheidend.

Das Interesse an einem Inhalt basiert nicht nur auf dem Titel, sondern die Follower zeigen eine große Loyalität durch ihre Kommentare und vor allem durch die Persönlichkeit, die durch das Thema des Kanals wiedergegeben wird, obwohl das, was jeder sucht, Kanäle sind, in denen sie wirklich wissen, wie man spielt und es etwas Neues zu beobachten gibt.

Es gibt viele Faktoren, die dazu führen, dass ein Kanal an Popularität gewinnt, aber es ist eine große Inspiration, die Aktionen von Online-Millionären wie ElRubius genau zu verfolgen, der zu einer wichtigen Figur auf dieser Plattform geworden ist und in einem Jahr bis zu 4,3 Millionen Euro verdient hat.

Normalerweise liegen die Einnahmen der populärsten Streamer um die obige Zahl herum, vor allem für diejenigen, die in diesem Medium hervorstechen, wie AuronPlay. Wenn man sich diese Art von Beispielen ansieht, kann man verstehen, welche Art von Traffic verfügbar ist und wie diese Zahlen skaliert haben.

Prime Gaming Zahlung und Kanalabonnements

Da Twitch mehr und mehr Anziehungskraft verursacht, kommt der Zweifel über jeden Benutzer oder Motivation über die Zahlung eines Abonnements, dies hat einen Hauptmodus, der als Prime Gaming genannt wird, die zuvor den Namen von Twitch Prime erhalten, der Vorteil davon ist, dass Sie kostenlose Spiele zusammen mit beliebten Elementen finden können.

Diese Operation von Prime Gaming ist aufgrund der Einbeziehung mit Amazon Prime, dank Amazon kaufte Twitch im Jahr 2014, so dass, wenn Sie ein Abonnement bezahlen, haben Sie bereits die andere, sie sind synchronisiert, die Kosten in Twitch hat eine monatliche Gebühr von 4 Euro pro Monat mit dem Angebot der Zugang zu Amazon Prime.

Aber die Gestaltung eines Kanals ist eine 100%ige Kreativität, da individuelle Abonnements angeboten werden können, so dass ein Benutzer eine Zahlung im Austausch für große Vorteile genießen kann, denn jedes Abonnement hat einen Grundplan von Vorteilen, der die Leichtigkeit der Beseitigung von Anzeigen nach der Übertragung und einen exklusiven Chat hervorhebt.

Hinzu kommt die Möglichkeit, einen Katalog von Videos zur Verfügung zu stellen und zu erstellen, der nur für Abonnenten dieser Art zugänglich ist. Diese Vorteile begünstigen das ästhetische Thema und helfen, eine Menge Funktionen freizuschalten, diese Art der finanziellen Unterstützung verursacht nichts anderes als einen direkten Anreiz für den Schöpfer des Kanals.

Wie Sie die Sicherheit von Twitch verbessern können

Wenn Sie Twitch in den Browser integrieren, den Sie täglich verwenden, können Sie sich die Optionen in den Einstellungen des Profils genau ansehen, da es einen Bereich für Sicherheit und Datenschutz gibt, um Hacker zu bekämpfen, die

Ihr Konto anfassen und beeinträchtigen wollen, sodass es besser ist, mit diesen Alternativen vorzubeugen.

Das erste, was Sie berücksichtigen müssen, um Probleme auf Twitch zu vermeiden, ist ein sicheres Passwort zu erstellen, Sie müssen es lang sein, zwischen Groß- und Kleinbuchstaben kombiniert, sowie Zahlen oder Satzzeichen enthalten, die Absicht ist, dass es einzigartig ist, dann ist es wichtig, die zweistufige Authentifizierung Schritt zu decken.

Es ist sehr nützlich, diese Sicherheitsmaßnahmen zu haben, so dass niemand sonst Zugriff auf das Konto haben kann, wenn es nicht über die Telefonnummer oder E-Mail-Adresse ist, so dass Sie auf die Gestaltung eines sicheren Kontos zählen können, aber vor allem mit der Ruhe, Inhalte zu erstellen und keine Probleme dieser Art haben.

Lernen Sie, wie man auf Twitch streamt

Das Übertragen auf Twitch ist im Allgemeinen sehr einfach, es ist nur notwendig, die Konfiguration zu berücksichtigen, die normalerweise für einige versteckt ist, aber mit diesem Schritt für Schritt werden Sie kein Problem haben:

- 1- Öffnen Sie OBS Studio, Sie müssen es zuvor heruntergeladen haben.

- 2- Nach dem Download klicken Sie auf "Datei" und dann auf "Konfiguration", um die Option "Emission" zu finden.

- 3- Bei der Auswahl eines Sendetyps müssen Sie sich für denjenigen entscheiden, der "Retransmission Service" anbietet.

- 4- Sobald Sie die Dienste gefunden haben, können Sie zu "Twitch" gehen.

- 5- Wenn in Server können Sie auf die Option "Automatisch (empfohlen)" setzen.

- 6- In der Option Sendetaste müssen Sie die Taste einfügen, die für die Übertragung des Twitch-Kanals angezeigt wird.

Um herauszufinden, wo sich der Twitch-Broadcast-Key befindet, müssen Sie sich in den Twitch-Account einloggen. Sobald dieser Schritt erledigt ist, können Sie nach dem Benutzernamen klicken, wo sich Ihr Avatar befindet, dieser erscheint in der oberen rechten Ecke, wo Sie auf das "Control Panel" zugreifen und die Kanaleinstellungen eingeben können.

Wenn Sie in der Kanaloption sind, müssen Sie die Option "Main Broadcast Key" finden, wo Sie auf die Schaltfläche "Show" klicken müssen, es ist wichtig, dass Sie den Hinweis lesen, der nach dieser Option erscheint, wenn Sie zustimmen, müssen Sie auf "Verstanden" klicken, auf diese Weise können Sie den Twitch-Broadcast-Schlüssel erhalten und OBS eingeben.

Was Sie wissen müssen, um Twitch zu konfigurieren: Bedienfeld

Es ist wichtig, die Konfiguration zu kennen, die man in Twitch anwenden muss, vor allem, weil es eine Plattform für Streamer ist. Es gibt also eine Konfiguration, auf die man achten muss, um Zugang zu jeder der Funktionen zu haben und den Kanal so zu gestalten, dass er die Relevanz erhält, die man erwartet, um mit der Erstellung von Inhalten Geld zu verdienen.

Zunächst müssen Sie jede Funktion beherrschen, die sich innerhalb der Plattform befindet, damit Sie grundlegende Konfigurationen durchführen können, wobei die folgenden Optionen, die sich im Bedienfeld befinden, hervorstechen:

- Live

Diese Alternative ist als Broadcast-Informationen bekannt, um den Titel der Sendung zu finden, zusätzlich zu den Benachrichtigungen, die von der Live-Sendung kommen, die Kategorie und die Art der Tags, die zusammen mit der Sprache verwendet werden sollen, die den Titel beinhaltet, wo Sie 140 Zeichen zur Verfügung haben, um ein attraktives Thema zu erstellen.

Auf der anderen Seite gibt es die Live-Broadcast-Benachrichtigungen, wobei es sich um eine Nachricht handelt, die jeder Follower erhält, sobald Sie live senden. Es ist wichtig, dass Sie die Aufmerksamkeit auf sich lenken, um diesen Effekt zu erreichen, haben Sie 140 Zeichen, um diese Mission zu erfüllen.

Nach dem Abschnitt Kategorie ist das Spiel, dem Sie die Sendung widmen werden. Sie müssen bedenken, dass Twitch jede Sendung nach Kategorien ordnet, also können Sie dies nicht ignorieren, sondern die richtige Kategorie wählen, damit mehr und mehr Zuschauer auf Ihre Inhalte zugreifen können.

Im Falle von Tags sind sie wichtige Ressourcen, weil man mit ihnen ein hohes Maß an Tracking erreichen kann, zusätzlich zum sprachlichen Aspekt, alles hängt von der Sprache ab, die im Relais verwendet wird, denn das erzeugt eine Art von

Zugang, so dass sie Ihnen auf effiziente Weise helfen können.

- Erweiterungen

Die Mission der Erweiterungen ist eine Reihe von Anwendungen oder Plugins, die installiert werden können, um eine
große Konfiguration auf Ihre Sendungen zu erhalten und so
die Aufmerksamkeit nach dem Inhalt auf einem Kanal ausgestrahlt zu gewinnen, gibt es mehrere Erweiterungen, die
auf Ihre Ziele mit großer Leichtigkeit anzupassen.

- Errungenschaften

Die Errungenschaften Systeme sind auch auf der Twitch-
Plattform, wie Sie die Dienstprogramme zu überwinden sind
freigeschaltet, so können Sie bringen diese Fähigkeiten als
Streamer mit totaler Leichtigkeit, um sich mit immer mehr
Funktionen, wie Sie Fortschritte als Protagonist dieses Kon-
tos.

- Ereignisse

Vor der Alternative der Ereignisse ist es eine Operation, die
die gleiche Dynamik nachahmt, die von Facebook angeboten
wird, wo Sie die Zuschreibung haben, ein Bild als eine Form
der Werbung mit allen Daten zu veröffentlichen, wird dies als

ein besonderer Anlass verwendet, um eine Atmosphäre der Erwartung zu erzeugen, die sich in einer großen Marge des Verkehrs übersetzt.

- Aktivität

Die Zusammenfassung aller Aktivitäten, die für das Konto relevant sind, befindet sich hinter diesem Abschnitt, sie basiert auf einer umfassenden Historie, um die Änderungen zu finden, und auch die Übertragungen zusammen mit anderen Details, so dass das Wachstum eines Kontos und die anstehenden genau verfolgt werden können.

- Übertragungswerkzeuge

Um Übertragungen zu erstellen, können Sie auf Tools zurückgreifen, die Ihnen dabei helfen, dass es Ihnen an nichts fehlt, wenn Sie sich entscheiden, Live-Inhalte zu generieren. Es gibt eine ganze Reihe von kostenlosen und kostenpflichtigen Funktionen, die meisten davon setzen auf OBS als Lösung, wichtig ist, dass Sie sich mit jedem Tool vertraut machen, um es auf Ihre eigene Weise zu nutzen.

- Analyse

Dies ist ein idealer Abschnitt, um alle Daten zu finden, die über die Übertragung generiert werden, Sie können demografische Informationen über Ihre Zuschauer finden, sowie die Zeit der Wiedergabe für den Inhalt, um diese Richtung zu folgen, diese Art der Angabe ist wichtig für einen Streamer. Um zu monetarisieren, ist es wichtig, diesen Ergebnissen eine größere Bedeutung zu widmen, um exponentiell zu wachsen, so dass bei der Übertragung diese Überlegungen in einen wichtigen Ausgangspunkt, gute Informationen hilft, Strategien zu schaffen, alles ergibt sich aus dem Studium der einzelnen Daten eine Hilfe zu sein.

- Videos

Durch diese Alternative finden Sie die Möglichkeit, bearbeitete Videos zu veröffentlichen, sowie solche, die Sie aufgenommen haben, die als Fake-Live veröffentlicht werden können, bis zu dem Punkt, eine Sammlung zu bilden, um Videoclips zu finden, die von anderen Streamern sind und Sie können sie haben, um sie jederzeit zu sehen.

Kennen Sie die Tricks der Twitch-Konfiguration?

Die Konfiguration ist ein wesentlicher Teil des Bedienfelds, dies ist ein sehr wichtiger Abschnitt, um ein Streamer von großem Rang zu werden, daher müssen Sie die folgenden Punkte in die Praxis umsetzen:

* Kanal

Nach der Kanaloption finden Sie den Schlüssel für die erneute Übertragung, so dass Sie ihn im OBS verwenden können, dazu kommt die Möglichkeit, die Sendungen zu speichern oder nicht, die Sie einige Zeit zuvor gemacht haben, es gibt einen Zeitraum von 14 Tagen für diese Option, im Falle von Prime-Benutzern, Partnern oder auch Turbo mit 60 Tagen, damit die Sendungen nicht verloren gehen.

Zusätzlich zu den Alternativen ist die Einbindung von Inhalten für Erwachsene, die Teil Ihres Kanals sein können, es geht nicht um die Ausstrahlung von Szenen mit Bedrohung oder Pornografie, sondern um einige unangemessene Inhalte, die von der Plattform ausgeschlossen werden können, daher wird empfohlen, dass diese Option als Vorsichtsmaßnahme aktiviert werden kann.

Auf der anderen Seite können Sie die Optimierungseinstellung wählen, so dass die Videoqualität so angepasst werden kann, dass der Stream Ihren Erwartungen entspricht, dies ist ein großartiger Ausweg, um die PC-Ressourcen zu verringern, mit dem Klick auf die niedrige Latenz, das sind Einstellungen, die den ganzen Stress für Sie verringern können.

Die Frage der Berechtigungen auf Twitch ist ein Schritt, damit andere Personen auf Ihrem Kanal senden können. Dies wird nützlich, wenn es um Videospielmagazine oder andere Themen geht, an denen mehr Menschen teilnehmen werden, bei denen die gesamte Aktivität auf einen einzigen Kanal konzentriert ist.

Eine andere Art von Tipp, der angewendet werden kann, damit Streamer einen Kanal viel auffälliger und voller Qualität erstellen können, ist die Einbeziehung eines Banners für den Videoplayer, so dass sie, wenn der Kanal deaktiviert ist, eintreten können, um die vorherigen Videos zu finden, ohne vom schwarzen Bildschirm begrüßt zu werden.

Das Thema Rollen hilft der Plattform Berechtigungen mit anderen Benutzern zu verteilen, im Falle der Ernennung eines Redakteurs ist ein Benutzer, der die gleichen Befugnisse wie der Besitzer des Kanals hat, während der Moderator für die

Kontrolle des Chats verantwortlich ist und VIPs sind promi-nente Mitglieder der Community.

Schließlich gibt es die Moderationseinstellungen, wo Sie den Chat verwalten können, um die Art und Weise zu verwalten, in der sie Sie kontaktieren können, ist es eine wichtige Maßnahme, um die beste Interaktion zu gewährleisten, um dies zu genießen ist notwendig, um per E-Mail zu überprüfen.

Wie man Follower auf Twitch gewinnt

Solange Sie sich jeder Konfigurationsfunktion bewusst sind, die Twitch zur Verfügung stellt, können Sie ein wirklich at-traktives Konto erstellen, bei dem die Idee ist, dass Sie Ihre Inhalte ohne Probleme auf OBS spielen können. Nachdem klar ist, mit welcher Art von Spiel Sie beginnen werden, bleibt nur noch, ein großartiger Streamer zu werden.

Obwohl das Gewinnen von Anhängern auf dieser Plattform nicht über Nacht geschieht, vor allem mit Tausenden von Kanälen auf der ganzen Welt, ist es das Wesentliche, origi-nelle Inhalte anzubieten und zu wissen, wie man neuartige Tricks einsetzt, um die Wirkung auf das Publikum zu besch-leunigen, obwohl es wichtige Schritte gibt, um zu diesem Punkt zu gelangen, wie zum Beispiel die folgenden:

- Entdecken Sie den Streamer-Typ, der Sie sein wollen

Ein Account braucht eine Identität, also ist der erste Zweifel, worum es gehen wird, ob ein einzelnes bestimmtes Spiel, oder ob es alle Veröffentlichungen sind, die im Trend liegen, dazu kommt die Entscheidung, welche Art von Konsole verwendet wird, es kann ein PC, PS4, Xbox ONE oder sogar Nintendo Switch sein, das sind erste Entscheidungen, die einen Stil markieren.

- Entwickeln Sie eine Strategie, um Interesse zu wecken

Es ist wichtig, dass Sie, bevor Sie sich an Twitch wagen, im Hinterkopf behalten, dass es nicht darum geht, aus eigenem Interesse zu senden, ohne Unterhaltung zu bieten, da es eine große Spanne an Konkurrenz gibt, so dass Sie einen anderen Inhalt haben müssen, in dem Sie Ihre Fähigkeiten und neuen Tricks testen können.

- Bestimmen Sie den am besten geeigneten Inhalt

In dem Wunsch, eine eigene Community zu haben, müssen Sie diese mit Tipps und Tricks versorgen, die dazu führen können, dass Sie die gesuchten Antworten zu einem Spiel erhalten, kombiniert mit einer einnehmenden Persönlichkeit, die sachkundig und dennoch unterhaltsam ist, um die Dauer des Inhalts reibungslos zu genießen.

Es gibt viele Möglichkeiten, eine Twitch-Übertragung zu machen, wenn es um die Thematisierung geht, das Wichtigste ist, dass Sie sich wohlfühlen können, aber vor allem, dass Sie Spaß an dem haben, was Sie tun, denn das kann am Ende an die Nutzer weitergegeben werden und ist eine großartige Möglichkeit, wie Sie monetarisieren wollen.

- Ziele setzen und konsequent sein

Ein Streamer muss sich für seine Ziele engagieren, um dies zu erreichen, muss er sich wie ein Profi verhalten, denn wenn man sich um seinen Kanal kümmert, darauf achtet, dass man die günstigen Zeiten einhält, um Publikum zu gewinnen, wird man mit der Zeit an Ansehen gewinnen, es geht darum, eine große Kontinuität im Zeitplan und dem Ziel, das man sich gesetzt hat, auszuüben.

- Hält von Zeit zu Zeit Veranstaltungen oder Verlosungen ab

Nichts wird spannender, als einem Account zu folgen, der Freebies ausgibt. Damit die Follower mehr Engagement für

Ihre Inhalte aufbringen, ist es zweifellos eine großartige Motivation, ein Gewinnspiel anzubieten, so dass Sie eine großartige Möglichkeit haben, mehr Leute für Ihre Inhalte zu begeistern.

- Entwickelt Wachstumsstrategien in anderen sozialen Netzwerken

Twitch ist als soziales Netzwerk bekannt, aber das Konto, das Sie auf dieser Plattform erstellt haben, muss in anderen sozialen Netzwerken exponiert werden, um auch mehr Anziehungskraft zu erlangen. Daher benötigt Ihr Projekt einen Social-Media-Plan, bei dem Sie Traffic oder Publikum von Instagram, Twitter oder Facebook zu Twitch bringen.

Die Interaktion mit mehr Followern ist ein großes Zeichen des Erfolgs für jeden Twitch-Account. Solange mehr Interaktion generiert werden kann, ist es ein großer Vorteil, Inhalte mit anderen Streamern zu teilen, es ist eine Hilfe oder Unterstützung von jedem sozialen Medium, damit eine Idee in jeder Hinsicht wachsen kann.

- Nehmen Sie an Veranstaltungen teil und schaffen Sie Allianzen

In der Gaming-Welt gibt es viele Veranstaltungen, die Sie in Betracht ziehen können. Diese Arten von Versammlungen können als eine Art Sprungbrett genutzt werden, um mehr Einfluss in der Gaming-Welt zu gewinnen, es geht darum, Ihren Kanal zu einem Beruf zu machen, bis hin zur Monetarisierung mit anderen Streamern in der Branche.

- Stärkt den Bedarf an Grafikdesign

Ein Kanal muss so detailliert wie möglich gestaltet werden, aus diesem Grund ist es eine Pflicht, in Online-Tools zu investieren, die eine große Hilfe sein können, um eine große Präsenz auf dieser Online-Plattform zu erstellen, das Ziel ist, dass jeder Follower gefesselt werden kann, wenn er Ihren Kanal betritt.

- Verwenden Sie andere Kanäle zur erneuten Übertragung

Zusätzlich zu Twitch hilft die Nutzung anderer Optionen für das Broadcasting, dass Ihre Inhalte von einem großen Publikum aufgenommen werden. Sie können sowohl auf Facebook Live als auch auf YouTube zurückgreifen, alles ist möglich, wenn es darum geht, Ihre Präsenz zu verbessern, auf diese Weise können Follower dann zu Ihrem Konto wandern und Ihnen helfen, zu wachsen.

- Erkunden Sie Techniken, um mehr Aufmerksamkeit zu erlangen

Das Studieren von Zuschauern durch Neuromarketing ist eine Option, die zur Verfügung steht, um ihre Erwartungen zu antizipieren und kennenzulernen. Außerdem können Sie Ihre Inhalte an das anpassen, was Ihre Community am meisten anspricht, indem Sie Tricks anwenden, die sie dazu bringen, an Ihrem Kanal dranzubleiben, und zwar aus einem eher emotionalen Blickwinkel heraus, im Gegensatz zur Datenanalyse.

- Appelle an grundlegende Nachverfolgungsstrategien

Wenn Sie auf Twitch beginnen, können Sie Alternativen wie das beliebte "Folge mir und ich folge dir" wählen. In einigen fortgeschrittenen Fällen hinterlässt dies kein gutes Bild, aber wenn es darum geht, einen Kanal von Grund auf neu zu bilden, ändert sich alles, diese Art von Aktionen funktionieren für den Anfang, sind aber nicht zu empfehlen, um weiterzumachen.

Wie Sie mit Twitch Geld verdienen können

Viele Menschen sind sich des Vorteils, als Streamer Geld zu verdienen, nicht bewusst, aber es ist wahr, wenn man die richtigen Schritte befolgt, aber es ist ein Ziel, das Zeit braucht, weil es darum geht, konsequent mit jedem der genannten Tipps zu sein, die man besser ausübt, weil man sie mag, als für das reine Ziel, Geld zu verdienen.

Sie müssen jedoch berücksichtigen, dass Twitch auch ein Partnerprogramm wie Amazon hat, aber Sie müssen die Anforderungen erfüllen, mindestens 500 Minuten in den letzten 30 Tagen übertragen zu haben, oder auch eine Weiterübertragung während 7 einzigartiger Tage in den letzten 30 Tagen gemacht zu haben.

Zu den Anforderungen gehört die Verpflichtung, in den letzten 30 Tagen durchschnittlich 3 Betrachter gleichzeitig zu haben, und was die Follower betrifft, müssen Sie die Anzahl von 50 erreichen, zusammen mit der Aktivierung der zweistufigen Authentifizierung, wodurch Sie sich für das Partnerprogramm qualifizieren.

Neben dem Partnerprogramm gibt es noch eine weitere Möglichkeit, Geld zu verdienen, nämlich das Spendensystem. Dieses wird durch die Erstellung eines Banners aktiviert, auf dem die Follower Spenden tätigen können, die das Wachstum des Kanals vorantreiben, daher ist die Frage der Ausstrahlung auf die Follower wichtig.

Eine weitere Möglichkeit, auf Twitch zu monetarisieren, besteht darin, Ihr Publikum zu nutzen, um Teil anderer Arten von Affiliate-Programmen zu sein, entweder durch Links, die Ihnen eine Provision einbringen, wenn ein Kauf danach erfolgt, so wie es mit dem Affiliate-System geschieht, das Amazon und andere ähnliche Geschäfte im Gaming-Sektor haben.

Darüber hinaus gibt es die Möglichkeit der Monetarisierung mit Partnern und ein System von Bits, das ist, um einen Pfennig für jedes Mal, wenn jemand ein Bit verwendet, um einen Jubel auf Ihrem Kanal zu senden, ist dies eine weitere Alternative, die Ihr Twitch-Konto zu monetarisieren fügt, es hängt alles von der Popularität des Kontos.

Finden Sie heraus, worum es bei der Twitchcon geht

Eine Veranstaltung, die Teil dieser Plattform ist, ist Twitchcon, es ist ein ganzes Wochenende, wo Aktivitäten, Streams, Turniere und jede andere Konzentration von Fanatismus, denn es ist eine dedizierte Veranstaltung für jeden

Streamer zu genießen, sowie eine gute Konzentration von Verbündeten, um Ihr Konto zu wachsen.

Bei Twitch geht es nicht nur um Videospiel-Streaming

Die Entwicklung bzw. der Zweck von Twitch ist nicht nur den Videospielen gewidmet, sondern es ist auch eine interessante Plattform für alle, die etwas zu erzählen haben, denn neben den Videospielen gibt es eine weitere Kategorie, die sich immer mehr durchsetzt: Talkshows und Podcasts, besser bekannt als "IRL", die sich mit Musik und Schauspiel beschäftigen.

Innerhalb dieser Konten gibt es eine Vielzahl von Inhalten, die sich der Wissenschaft sowie der Technologie widmen. Darüber hinaus tauschen sich Menschen über handwerkliche Ideen aus, befassen sich mit Beauty-Themen, und auch die Welt des Sports oder der Fitness hat auf dieser attraktiven Plattform Platz gefunden, ganz zu schweigen von der Übertragung von Live-Rezepten.

Aber die große Unterscheidung über diesen neuen Trend, sind "Just Chatting"-Kanäle, die nichts anderes als Menschen mit ihrer Webcam, um über die Themen, die sie bevorzugen zu sprechen, ist dies unter der Einhaltung der Regeln und Richtlinien der Plattform getan, es ist eine Genialität, die für viele ist verrückt, aber erzeugt eine breite Marge des Verkehrs.

Es stimmt zwar, dass die Übertragung von Videospielen und Turnieren auf dieser Plattform eine größere Macht hat und den Punkt erreicht, an dem sich Millionen von Menschen versammeln, die es lieben, anderen beim Spielen zuzusehen, aber es ist ein Trend der Generation selbst, der eine unwiderstehliche Erfahrung erzeugt, die die Kategorie am Leben erhält.

Was es braucht, um einen erfolgreichen Kanal auf Twitch zu erstellen

Die wichtigste Voraussetzung für einen Twitch-Kanal zu wachsen, wie Sie streben, ist Ausdauer und großen Wunsch, echte Inhalte zu schaffen, mit dieser Art von Initiative fügt jedes Zubehör bleibt von großem Nutzen sein, wie ein PC oder eine Spielkonsole, die Sie ohne Sorgen zu übertragen ermöglicht.

Zusätzlich zu den Zubehörteilen zu spielen, ist die Software benötigt, um das Streaming durchzuführen und kann mit einem großen Eindruck von Qualität verlassen werden, um die Erfahrung solcher Aufnahmen haben ein Mikrofon oder

Headset ist ein wichtiges Mittel der Kommunikation zu erzählen oder auszudrücken, was passiert.

Was Sie benötigen, hängt von der Art des Spiels ab, das Sie übertragen möchten, damit Sie das bestmögliche Bild des Spiels projizieren können, aber die meisten verwenden einen PC, der mindestens 8 GB RAM benötigt, zusammen mit einem Windows 7 oder höheren System, und ein Mac wird ebenfalls unterstützt.

Von einem PC ist es wichtig, eine Grafikkarte zu haben, die leistungsfähig genug ist, um DirectX 10 oder höher auszuführen, dazu kommt die Notwendigkeit einer akzeptablen Internetverbindung, die 3MB pro Sekunde haben muss, dies ist aufgrund der Last, die die erneute Übertragung verursacht, so dass einige zwei PCs verwenden.

Welche Art von Software benötigen Sie zum Streamen auf Twitch?

Es ist unerlässlich, dass jeder Streamer über Tools wie eine Übertragungssoftware verfügt, denn nur so können die Inhalte der Welt gezeigt werden, hierfür werden Programme wie Open Broadcasting Software (OBS) verwendet, diese kann kostenlos genutzt werden.

Auf der anderen Seite gibt es XSplit, das eine viel intuitivere Oberfläche hat, obwohl seine herausragendsten Funktionen kostenpflichtig sind. Sobald Sie dieser Wahl entsprechen, müssen Sie die folgenden Konfigurationen vornehmen; die Quellen des Spiels und auch der Webcam, weil es eine Darstellung des Streamings ist.

Die Elemente, die vor dem Betrachter erscheinen, müssen auch ein hohes ästhetisches Niveau haben, damit eine Person, die den Kanal abonniert, ein großartiges Design-Erscheinungsbild erhält, und schließlich ist es in Software-Fragen wichtig, dass alles mit dem Twitch-Konto synchronisiert ist, um in der Welt des Broadcasting zu starten.

Wie man von Videospielkonsolen streamt

Wenn Sie eine Xbox One oder PS4 haben, haben Sie die Funktion, von Ihrer Konsole aus aufzuzeichnen, ohne das Eingreifen anderer Software, kann es für einige einfacher sein, ist dies, weil Sie die kostenlose Twitch-Anwendung auf Xbox One und PS4 haben kann das Menü eingeben, um das System zu teilen.

Obwohl der Unterschied zwischen der Verwendung einer Konsole und eines PCs darin besteht, dass die Übertragung von einer Konsole nicht so angepasst werden kann, wie Sie es gewohnt sind, aber es ist ein großer erster Schritt, um Komfort innerhalb von Twitch zu gewinnen, wird diese Möglichkeit auch von Nintendo Switch angeboten, obwohl Sie eine Capture-Karte haben müssen.

Eine der beliebtesten Alternativen ist zweifellos die Elgato Game Capture HD Capture-Karte, für nahtlose Aufnahmen in 1080p, von einer Xbox One, 360, auch auf PS4, PS3 und Wii U, hat eine große Kompatibilität mit allen HDMI-Ausgangssystem.

So streamen Sie von einem PC auf Twitch

Wenn Sie vom PC aus spielen, können Sie streamen, indem Sie einfach eine gute Hardware zusammen mit einer Streaming-Software integrieren. Nachdem Sie eine solche Software installiert haben, sei es OBS oder eine andere, müssen Sie sich nur bei Twitch.tv anmelden, in die Systemsteuerung gehen, das Spiel auswählen und dann den Titel zum Streamen einfärben.

- Vorbereiten der OBS-Übertragung

Als erstes klicken Sie mit der rechten Maustaste auf OBS, um es als Administrator auszuführen. Als nächstes gehen Sie zu den Streaming-Einstellungen, wo Sie zu Twitch gehen können, um auf den Streaming-Dienst zuzugreifen, wenn Sie zum Twitch-Panel zurückkehren, können Sie den Stream Key auswählen, um den Aufforderungen zu folgen und alles zu konfigurieren.

• Vorbereiten der Neuübertragung mit XSplit

Beim Öffnen von XSplit müssen Sie zunächst Twitch zur Übertragung hinzufügen, dann die Berechtigung erteilen, damit die Auflösungseinstellungen automatisch vorgenommen werden, dann die Eigenschaften der Übertragung bearbeiten und schließlich die Änderungen akzeptieren, damit dieser Modus der erneuten Übertragung in die Tat umgesetzt werden kann.

So streamen Sie von der Xbox One auf Twitch

Wenn Sie eine Xbox One haben, können Sie Übertragungen machen, um ein großer Star auf Twitch zu werden, es ist sehr einfach, diese Option zu befolgen, vor allem ist es mit Spielen über Fortnite wichtiger geworden, außerdem ist es nur notwendig, eine Reihe von vorherigen Schritten durchzuführen, um diese Konsole in vollen Zügen zu nutzen, mit den folgenden Schritten:

- 1- Sie müssen die Twitch-App herunterladen, die Sie im Xbox Store erhalten können.

- 2- Wenn Sie sich anmelden, müssen Sie Ihr aktives Twitch-Konto verknüpfen, um das Streaming über die Anwendung zu starten.

  - 3- Um das Konto zu synchronisieren, müssen Sie anschließend über den Browser eines beliebigen Geräts https://twitch.tv/activate besuchen und den auf dem Bildschirm angezeigten Code eingeben.

- 4- Geben Sie das Spiel ein, das Sie von der Xbox One streamen möchten.

- 5- Durch Klicken auf die Home-Taste gelangen Sie in die Sendung, wo Sie Kinect oder mit dem Mikrofon auch mit Cortana zugreifen können.

- 6- Geben Sie den Titel der Übertragung ein und nehmen Sie die Einstellungen für Mikrofon, Kinect und Chat vor.

- 7- Starten Sie einen vollwertigen Twitch-Broadcast, um ein echter Streamer zu werden.

So streamen Sie auf Twitch mit PS4

Von der PS4 können Sie jedes Spiel zu streamen, um Inhalte auf dem Twitch-Konto zu gewinnen, ist dies ideal vor Publikum wie Resident Evil 7, wo zusätzlich zu allem gesellt sich die Möglichkeit, Kommentare zu machen, um mehr Spannung auf die Entwicklung hinzuzufügen, wird dies eine Realität mit den folgenden Schritten:

- 1- Sie müssen die Taste drücken, um die Aktion zum Teilen eines PS4-Controllers zu starten, wenn Sie sich im Spiel befinden.

- 2- Wählen Sie die Aktion "Gameplay Broadcast".

- 3- Wählen Sie Twitch.

- 4- Sie müssen sich in das Konto einloggen.

  - 5- Geben Sie die folgende Adresse ein https://twitch.tv/activate, um den auf dem Fernsehbildschirm angezeigten Code einzugeben.

- 6- Wählen Sie auf der PS4 ein OK.

- 7- Es ist Zeit, den Twitch erneut zu wählen.
- 8- Es verfügt über angepasste Optionen zum Starten der Übertragung.
- 9- Sobald Sie diese Optionen abgeschlossen haben, können Sie live auf Twitch sein.

Es gibt eine Anwendung auf PS4 von Twitch, aber es ist nicht für die Übertragung benötigt, aber verwendet, um den Inhalt von anderen zu genießen, ist dies eine Alternative, die den PlayStation Store hat, denn es gibt keine Grenzen, um Inhalte auf Twitch zu teilen, auf der Konsole selbst haben Sie diese Möglichkeit.

So streamen Sie mit der Nintendo Switch auf Twitch

Die Nintendo Switch-Konsole ermöglicht Ihnen exklusive Übertragungen für Twitch, obwohl es immer noch notwendig ist, sich für den traditionellen Weg mit der Capture-Karte zu entscheiden, ansonsten können Sie die folgenden Schritte ausführen, um über diese Konsole zu streamen:

- 1- Sie benötigen eine Capture-Karte, die interne Übertragung wird von der Nintendo Switch nicht zugelassen. Wenn Sie sie an den Fernseher anschließen, benötigen Sie das HDMI-Kabel, um auf dem Fernseher zu sehen, was Sie während der Übertragung tun.

- 2- Zusätzlich müssen Sie den PC einbinden, danach können Sie das Spiel mit Hilfe der PC-Übertragungssoftware steuern, obwohl aus dieser Sicht das Spiel etwas verzögert projiziert wird.

Wie Sie die epischsten Momente auf Twitch einfangen

In jedem Twitch-Kanal kann ein wirklich erstaunlicher Moment auftauchen, den Sie mit Ihren Freunden teilen möchten. Dies ist einfach zu erfassen, so dass das Highlight der Twitch-Seite als Werbung verwendet werden kann oder einfach nur als Trend, dies wird durch die Funktion, die als Twitch Clips genannt wird, ermöglicht.

Um die Highlights des Twitch-Kanals zu haben, können Sie die Clips verwenden. Diese Funktion wird auf jeden Twitch-Benutzer ausgeweitet, solange es sich um assoziierte

Kanäle handelt, d. h. alle, die eine Abonnement-Schaltfläche haben, sobald Sie diese Anforderung haben, befolgen Sie einfach die folgenden Schritte:

- 1- Geben Sie den Twitch-Kanal Ihrer Wahl ein und prüfen Sie, ob es sich um ein zugehöriges Konto handelt, dies ist daran zu erkennen, dass der Kanal eine lilafarbene Abo-Schaltfläche hat, es ist auch zu beachten, dass es sich um eine Option für Live-Inhalte handelt, bei voraufgezeichneten Videos funktioniert es jedoch nicht.

- 2- Sie müssen mit dem Mauszeiger über den Videoplayer fahren, um dann einen Clip zu erstellen, der sich unten rechts befindet. Ein Videoclip von 30 Sekunden hilft, eine neue Registerkarte freizulegen, je nach Twitch-Theme können Sie Clips von mindestens 25 Sekunden seit dem Klick, den Sie gegeben haben, aufnehmen.

- 3- Wenn Sie auf die nächste Registerkarte klicken, um den soeben aufgezeichneten Clip zu sehen, können Sie die Schaltflächen von Twitter, Reddit und Facebook verwenden, die sich oben rechts befinden, so dass Sie das Video auf jeder dieser Websites oder digitalen Räume teilen können.

- 4- Eine weitere Möglichkeit, die Sie nutzen können, ist, den Link zu kopieren, um ihn an einen Freund zu senden, so dass dieser den Clip sehen kann, in dem der Name des Nutzers oben rechts erscheint. Andererseits gibt es unten Links, die direkt zur Website des Streamers führen, so dass es eine Form der Werbung ist.

Wenn Sie an Ihre Follower senden, können Sie den Wunsch, ein bestimmtes Fragment der Wiedergabe zu zeigen, wahr werden lassen, vor allem, wenn ein wichtiges Stück gemacht wurde oder Inhalt vorgestellt wird, um so die Aufmerksamkeit zu geben, die dieser Moment mit der Installation des personalisierten Klicks verdient.

Digitale Marketingdaten von Twitch für 2021

Die Twitch-Plattform ist ein interessanter Vorschlag innerhalb der digitalen Welt, vor allem für die riesige Bewegung von aktiven Nutzern, die es erlauben, Marketing-Kampagnen aller Art durchzuführen, so sichtbar zu werden, ist immer noch eine Gelegenheit, ein offenes Feld zu sein, nach dem die Einrichtung eines wirkungsvollen Kanals durchzuführen.

In Anbetracht der geringen Sättigung, die auf dieser Plattform besteht, gibt es eine große Möglichkeit, eine bedeutende Erfolgsspanne zu erreichen. Dies ist eine Realität, die in die Praxis umgesetzt wird, wenn Sie die folgenden Tricks und Trends entdecken, die nach dem Verkehr entstanden sind, der auf Twitch besteht, und wenn Sie an dieser Plattform interessiert sind, sollten Sie sie kennen.

Die Gewohnheiten und Interessen an den Übertragungen helfen, die Richtung dieser Innovation genau zu verfolgen, wobei man erkennen muss, dass sich die Vorliebe für Videospiele für andere Themen ändern kann, es geht nur um die Art des Publikums, das man erreichen möchte, und das wird immer vielfältiger.

Wenn ein Wachstum oder eine Trendänderung auf der Plattform auftritt, ist es notwendig zu handeln und einen Aktionsplan zu implementieren, damit ein Twitch-Konto auf ein großes Niveau skalieren kann:

- Die Mehrheit der Twitch-Benutzer ist zwischen 18 und 34 Jahren alt, und mindestens 14 % sind zwischen 13 und 17 Jahren alt, daher muss Ihr Image an diese Art von Publikum angepasst werden.

- Etwa 65% des Publikums ist männlich.

- Eine hohe Anzahl oder 23% des Verkehrs kommt aus den Vereinigten Staaten.

- Deutschland, Südkorea und Russland sind mit 18 % ebenfalls in der Mehrheit.

- Die Plattform ist in bis zu 230 Ländern verfügbar.

- Rund 90 % der Gaming-Inhalte werden über Twitch gestreamt.

- Ein hoher Prozentsatz von 63 % der Inhalte, die mit Videospielen zu tun haben, wird auf dieser Plattform übertragen.

- Die Zuschauerzahlen auf Twitch werden im Laufe des Jahres voraussichtlich um 5,9 % steigen.

- Im Jahr 2021 wird League of the Legends voraussichtlich weiterhin eines der am häufigsten gestreamten Videospiele auf Twitch sein.

- Auf Twitch geht es hauptsächlich um den Einsatz von Musik und auch um darstellende Künste.

Durch diese Daten gibt es keinen Zweifel, dass diese Plattform nur Zeichen des Wachstums ausstrahlt, aus diesem

Grund gibt es noch viele Strategien auf Twitch durchzuführen, es ist ein offenes Feld, um zu innovieren und Ihren Kanal an den vorherrschenden Daten zu orientieren, als eine reine digitale Marketingaktion.

Die Trends, die Sie über Twitch wissen müssen

Unter Berücksichtigung der einzelnen sehr nützlichen Daten über das digitale Marketing von Twitch besteht ein großes Interesse seitens der Unternehmen, ihr Bestes auf dieser Plattform zu geben und die Aufmerksamkeit jedes Nutzers zu gewinnen:

- **Aufstrebende Berühmtheiten auf der Plattform**

Normalerweise werden Prominente nur mit YouTube in Verbindung gebracht, aber auf Twitch tauchen immer mehr Content-Stars auf oder kommen an, diese sind einzigartig und umfassen Musiker und auch andere Arten von großen Namen kreativer Stars, dies ist der Tatsache zu verdanken, dass mehr Menschen sich dafür entscheiden, Teil von Twitch zu sein.

Diese Plattform öffnet den Weg zu Live-Präsentationen, bis hin zum Hinzufügen von Konzerten und anderen ähnlichen Veranstaltungen, bei denen das Hauptziel ist, Interaktion mit ihren Anhängern zu produzieren, diese Art von Beziehung oder Nexus Ursachen, die ihr Image stärken können und dass das Konto abheben kann, wo Sie erwarten.

Im Fall von YouTube geht es um die Hingabe, Videos zu machen, obwohl es auch Live-Aufnahmen erlaubt, aber bei Twitch gibt es ein hohes Maß an Engagement, da innerhalb dieser Plattform die Nähe zum Publikum viel näher ist, als man denkt, alles steht einem zur Verfügung, so dass diese Behandlung das Konto stärkt.

• Die Influencer-Marketing-Aktion

Verschiedene Nutzer und Unternehmen auf Twitch setzen viel mehr auf die Leistung eines Influencer-Marketings, da sie mit ihren Kampagnen diese Art von Figur, einen Streamer, der eine große Community von Followern auf der Plattform hat, ansprechen und dazu bringen, eine Marke zu erwähnen, gewinnt das Unternehmen diese Art von Werbung leicht.

Eine Strategie, die so bekannt ist wie diese, öffnet einem Streamer den Weg, sich für die Erzielung signifikanter Gewinne zu entscheiden, es ist ein gegenseitiges Interesse, das auf beiden Seiten entsteht und aus diesem Grund ist es ein Trend, der sich in den kommenden Monaten oder Jahren nicht zu ändern scheint, es hängt alles von der Art und Weise ab, wie man im digitalen Marketing agiert.

Solange Sie die Aufmerksamkeit des Publikums auf sich ziehen können, kommt nicht nur der Kanal voran, sondern auch viele Marken können daran interessiert sein, mit Ihnen Geschäfte zu machen, um von Ihrer Popularität zu profitieren. Aus diesem Grund ist es wertvoll, ein hohes Maß an Nähe zum Publikum zu pflegen, denn mit diesem Vertrauen können Sie effektiv monetarisieren.

Die natürliche Art und Weise, in der eine Sendung produziert wird, ist diejenige, die einen Treffpunkt wichtiger Interaktion erzeugt, wo indirekt diese Nähe zum Publikum entsteht, aus diesem Grund ist es nicht so kompliziert, ein großartiges Ergebnis auf einem Kanal zu erzielen, es hängt alles von Kreativität und Anstrengung ab.

- ## Selbstbedienungsanzeigen

Diesem Trend folgend, schaffen es Marken, alle Arten von Produkten oder Marken auf Twitch zu bewerben. Dies geschieht durch Aktionen, die live nachgestellt werden und bei denen die Teilnahme der Werbebotschaft wahrgenommen wird, insbesondere bei Veranstaltungen, die live stattfinden und bei denen die Teilnahme des Publikums wahrgenommen wird.

Dieses Konzept oder diese Aktivität wird entwickelt, wenn ein Unternehmen für die Erstellung von Inhalten verantwortlich ist, die das Publikum des Streamers verführen können. Dies ist nicht kompliziert, durch eine solche interaktive Plattform auszuüben, die durch eine große Anzahl von Tools verbunden ist, die von Twitch für alle kommerziellen Zwecke angeboten werden, um eine vielseitige Entwicklung zu haben.

- **Verstärkte Werbung und reduziertes Sponsoring**

Das Erscheinen von Werbung auf Twitch ist auf die Interessen und Handlungen der Nutzer zurückzuführen, aus diesem Grund sollten Markenpartner das gleiche Thema betrachten, das das Erscheinen von Werbung dominiert, es ist ein Weg, um die erfolgreiche Ausstrahlung der Übertragung zu verfolgen, so dass Streamer die beteiligten Marken erwähnen können.

Der Vorteil der Werbung über Twitch und seine Content-Ersteller ist, dass es Zugang zu einer interaktiveren Community bietet und sogar leidenschaftlich über ihre Geschmäcker, so ist es eine leistungsfähigere Plattform als andere soziale Netzwerke, so ist dies ein Mittel, um die Nähe mit dem Schöpfer und das Publikum zu demonstrieren.

Die Werbewirkung, die diese Plattform hat, ist von großem Niveau, und da die Plattform ein großes Wachstum postuliert, wird es auf die gleiche Weise mehr Interessenten für die Werbung auf diesem Medium geben, aus diesem Grund ist diese Art von Werbung mit dem Betrieb von Amazon verbunden, alles ist so verknüpft, dass die Produkte gesehen werden.

• Die beliebtesten Zeiten, um ein Publikum anzuziehen

Die erfolgreichsten Twitch-Konten haben ein Verhaltensmuster gemeinsam, das Verhalten ist, einen Zeitplan zu etablieren, um genau zu folgen, zum Zeitpunkt der Übertragung mit einer geordneten Frequenz erreicht wird, um eine Gewohnheit zu schaffen und haben eine bessere Wirkung auf das Publikum, so zu wissen, die aktivsten Tage und Zeiten sind von großer Hilfe.

Um einen Twitch-Account zu stärken, ist es wichtig, das Publikum zu nutzen, damit die Live-Streams ein besseres Niveau oder einen größeren Einfluss erreichen können. Um eine große Reichweite zu erzielen, ist es wichtig, das Zielpublikum zu studieren, um ihrem eigenen Muster zu folgen und so regelmäßige Sendungen zu etablieren.

Der Unterschied zwischen einem professionellen Streamer und einem Anfänger besteht darin, Gewohnheiten zu schaffen, um den Nutzern ein großartiges Bild zu vermitteln, dieses Anliegen ist, weil das Publikum loyal zu den Schöpfern ist, die Zeitpläne verwenden und vor allem, die eine konstante Aktivität präsentieren, das ist die Garantie, die jeder Nutzer verdient und die Sie berücksichtigen müssen.

• Preisausschreiben und Wettbewerbe

Eine der häufigsten Darbietungen innerhalb von Twitch mit der besten Wirkung sind Gewinnspiele und Wettbewerbe, denn diese Plattform ist ideal für die Gestaltung von Veranstaltungen, die diese Eigenschaften haben, außerdem gibt es eine Menge von Anwendungen, die den Höhepunkt dieser Veranstaltungen helfen.

Solange es zwischendurch ein Gewinnspiel gibt, kann jeder Nutzer motiviert werden, den Kanal zu abonnieren sowie Inhalte zu erstellen, um den Preis zu erhalten. Dies ist eine großartige digitale Marketingstrategie, die großartige Ergebnisse liefert, da jeder gewinnen möchte und die Nutzer selbst Werbung für das Twitch-Konto machen.

Jeder dieser Trends eröffnet eine große Planung für das ganze Jahr, wenn jeder Punkt mit großem Engagement befolgt wird, gibt es eine große Chance, das Wachstum zu erreichen, das Sie erwarten, sie sind Erwartungen, die nach der Realität der Benutzer analysiert werden, so dass durch die Befolgung dieser Empfehlungen können Sie sich auf der Plattform auszeichnen.

Der Grund, warum Twitch Marketingstrategien braucht

Es gibt viele Gründe, Marketing auf Twitch einzubeziehen, der wichtigste ist die Freiheit, als digitales Feld wenig gesättigt zu agieren, und vor allem als andere soziale Netzwerke wie Facebook und YouTube, so dass diese Plattform ein großes Potenzial hat, eine Werbeabsicht an das Publikum zu richten.

Die positive Werbewirkung von Twitch ist eine große Motivation, hinzu kommt der Faktor der Wachstumsphase, so dass weitere Trends entstehen können, und es gibt Unternehmen, die jeden Tag auf diesen Sektor setzen, so dass es eine Plattform ist, auf der man sich engagieren und mit einem langfristigen Anspruch investieren sollte.

Die globale Leistung, die auf Twitch entsteht, ist ein unglaubliches Potenzial, da es eine Umgebung ist, die es Ihnen erlaubt, jede Ecke der Welt zu erreichen, aus diesem Grund wird es ein Werkzeug, um ein Publikum von internationalem Niveau zu haben, und vor dem Start von einigen Amtszeit endet mit hoher Geschwindigkeit zu erweitern.

Die Popularität von Twich ist unbeschreiblich und ist in einer Vielzahl von Kategorien zu finden, dies bestätigt, dass die Macht der Live ist immer noch eine Realität auf diesem modernen Trend, daher Twitch ist als eine erste Ebene Marketing-Strategie wegen der Leichtigkeit, um die Interaktion zwischen den Nutzern zu gewährleisten.

Der Streamer ist ein wesentlicher Ausgangspunkt für viele globale Interessen, wobei der Aspekt der Leidenschaft und Liebe zur Erstellung von Live-Inhalten nicht verloren geht, denn jenseits eines Events ist es ein Wissen und Können, das inszeniert wird und das Publikum in jeder Hinsicht aufnahmefähig macht.

Wie Sie Ihr Publikum diversifizieren

Twitch ist ein ideales Umfeld, um Inhalte aller Art zu finden, so ist es der ideale Ort für Gaming-Feiern, das ist eine echte Kunst oder Kreativität durch Streamings, wo jede Person sucht, um für eine außergewöhnliche Aktion innerhalb des Spiels und vor allem für seine Persönlichkeit bekannt zu sein. Streamer werden durch ihre Liebenswürdigkeit bekannt, bis zu dem Punkt, dass sie den Chat wie ein Star dominieren. Um zu wachsen und ein Publikum zu erobern, ist es jedoch wichtig, eine Studie über die Möglichkeiten, die Präsenz, die Technologie, die Interaktion, die Konsistenz und die Fähigkeiten zu haben, diese stellen eine Zahl dar, die man analysieren muss, um diesem Weg zu folgen.

Um die Möglichkeit zu meistern, auf Twitch zu wachsen, ist es notwendig, Assoziationen zu machen, um Einkommen zu erzielen, diese Dynamik wird durch die folgenden Schritte entwickelt, um Sie auf dieser Aktivität zu stärken:

- Eine Nische schaffen

Um unter Millionen von Nutzern hervorzustechen, brauchen Sie nur gute Ideen, abgesehen davon, dass Sie akzeptieren, dass Sie sich mit Konten wiederfinden, die Ihrem Thema ähnlich sind. Das Wichtigste ist, sich mit jeder spezialisierten

Idee abzuheben, qualitativ hochwertige Inhalte auszustrahlen, abgesehen davon, dass Sie spielen und ein großartiges Bild erzeugen, bei dem sich jeder Zuschauer mit dem verbindet, was Sie ausstrahlen.

Der Spaß darf bei den Inhalten, die per Streaming ausgestrahlt werden, nicht fehlen, es geht um neue Informationen, aber ohne die Essenz des Spiels beiseite zu lassen, denn solange diese Gefühle von Neugierde und Unterhaltung gesät werden können, entsteht eine solide Gemeinschaft gegenüber dem Kanal.

- Erstellen einer Abstimmfrequenz

Es ist entscheidend, dass im Twitch-Account eine Frequenz etabliert wird, so dass es zu einem verfolgten und besuchten Programm wird, diese Aktivität sollte wie eine Gewohnheit sein, so dass die Follower die Übertragungen nicht verpassen, es geht darum, eine wichtige Aufgabe zu erfüllen und dass Werbung in anderen sozialen Medien gemacht werden kann.

Wenn Sie mit einem zufälligen Streaming beginnen, wird es nur komplizierter, daher ist es am besten, konstante Inhalte zu senden, um eine gute Menge an Anhängern zu sammeln.

Der Beginn dieser Aktivität muss ein zuverlässiges Image vermitteln, damit andere wachsen.

- Es bildet wichtige Allianzen

Der Erfolg eines Streamers ist ein Zeichen oder ein Anreiz, ihn als notwendigen Verbündeten zu betrachten, denn durch die Zusammenarbeit mit anderen kann man mit der Popularität, die andere Stars besitzen, mitwachsen, basierend auf Allianzen kann man sich einen Namen auf Twitch machen, dies geschieht durch die Nutzung von Freunden über diesen Sektor.

Durch die Teilnahme an einer Veranstaltung oder einem Re-Broadcast gibt es keinen Zweifel daran, dass Sie einen Zuwachs an Followern haben werden, diese Art von Präsenz, die über die Community gewonnen wird, ist ein sicheres Ergebnis durch die Assoziation, und dies ist praktisch für eine Sendung, um mehr verfolgt zu werden.

- Bietet Unterhaltung und Interaktion

Die Hauptfunktion von Twitch basiert auf der Tatsache, dass ihr Zweck ist es, Unterhaltung zu bieten, daher ist die Erfahrung, die auf das Publikum gesät wird, Teil dieser Schlüsselrolle genau zu folgen, diese Art der Unterhaltung ist mit der

Interaktion durch die Chat-Räume zur Verfügung gestellt verschmolzen, ist es eine Verpflichtung, beide Elemente zu halten.

Die Interaktion sorgt dafür, dass ein Twitch-Kanal die Unterstützung der Follower erhalten kann. Solange Sie jeden Follower bei der Stange halten können, ist es am Ende vorteilhaft, innerhalb dieser Plattform zu wachsen, in diesem Sinne ist die Nähe wichtig, um ein loyales Publikum für die von Ihnen bereitgestellten Inhalte zu bilden.

Wenn Ihre Follower erst einmal wachsen, können Sie diese Art von Nähe zu ihnen nicht mehr verlieren, weil der ganze Aufwand deutlich sinkt. Es gibt keinen Grund, zu einer übergeordneten Persönlichkeit zu wechseln, sondern die Identität eines Kanals zu haben, an den man sich vor allem erinnert.

• Legen Sie Ihre Zweifel beiseite, wenn Sie ein Twitch-Projekt starten

Der Einstieg in die Welt und die Aufgaben eines Streamers kann sehr beängstigend sein, nicht die Art von Kamera zu haben, die andere Stars haben, oder auch zum Thema PC, das bedeutet nicht, dass man nicht anfangen kann, das Wichtigste ist die Bereitschaft, sich zu bemühen, zu wachsen, der Rest kann verbessert werden, während Sie Fortschritte machen.

Ein Twitch-Konto zu haben, ist nicht so anspruchsvoll, wie Sie vielleicht denken, so dass Sie die Freiheit haben, direkt mit Ihrem Publikum umzugehen, denn das ist das Wichtigste neben der Investition in die Ausrüstung, es geht darum, einen Schritt nach dem anderen zu machen, so dass Sie, wenn Ihr Konto steigt, über ein Studio nachdenken können.

- Spaß und Geduld stehen an erster Stelle

Der Einstieg in Twitch ist eine erfolgreiche Karriere, für die man sich engagieren muss, also werden harte Arbeit zusammen mit Geduld zu großen Waffen inmitten dieser Plattform, obwohl, wenn Ihre Ziele wirtschaftlich sind, ist es wichtig, dass Sie in den ersten drei Monaten Geduld in diesem Sinne haben, in dieser Zeit können Sie genießen, was Sie tun.

Um berühmt zu werden und Geld zu generieren, wird zwar ein Engagement von mindestens sechs Monaten veranschlagt, das kann irgendwann überwältigend sein, aber es gibt keinen Grund, den Kopf zu verlieren oder zur Besessenheit zu werden, denn unter den gegebenen Umständen kann die Stimmung sinken, das Entscheidende ist, dass Ihr Wunsch intakt bleibt.

Die größte Inspiration ist es, sich an den Grund zu erinnern, warum Sie diese Sendungen generiert haben, denn wenn Sie leidenschaftlich gerne spielen, ist das der Schlüssel, um bei dieser Aktivität als Gewohnheit zu bleiben, in der Tat wird es eine Karriere, so dass dies am Ende eine sehr lustige und Wohlfühlsendung produzieren kann.

Die besten Spiele, die Sie für Twitch kennen müssen

Eine große Wachstumsspanne auf Twitch zu erzielen, ist für viele Nutzer eine Obsession. Vor allem, wenn man durch die Leidenschaft für Videospiele Geld verdienen möchte, ist es eine großartige Gelegenheit, das Beste aus den Millionen aktiver Nutzer auf dieser Plattform zu machen.

Ein großer Streamer zu werden, hängt auch vom Können ab, so viele Träume werden geschaffen, um sich in diese Welt zu wagen, es ist möglich, ein Profi auf diesem Medium mit Hingabe und vor allem Wissen zu werden, denn die Popularität in Twitch wird sehr verfolgt, aber auch bestimmte Themen werden sehr verfolgt und man muss sie kennen.

Obwohl es bei einigen Themen, die Trends sind, wichtig ist, bestimmte Spiele nicht zu sättigen, die bereits eine Menge

Material oder Inhalte haben, ist es aus diesem Grund besser, sich der Bildung einer Experten-Nische zu einem Thema zu widmen, um ein zuverlässiger Punkt zu sein, durch den jeder Benutzer finden kann, was er liebt.

In der Welt der Videospiele ist es von entscheidender Bedeutung, im Voraus informiert zu sein, vor allem, um zu versuchen, das Beste von jedem Spiel zu vermitteln, und um sicherzustellen, dass die Leidenschaft auf jedem Schuss bemerkt werden kann, so dass die Pflege des Engagements, das ist ein wichtiger Punkt, um die Macht zu nutzen, um mehr LEDs zu bekommen und bekannt werden.

Mit der Popularität dieser Plattform und der Wirkung von Amazon gibt es ein großes Interesse an der Ausstrahlung von Sendungen mit Artikeln oder Produkten, durch die Sie eine große Werbeeinnahme erhalten können, dies ist eine sehr beliebte Praxis für die Z-Generation und Sie können es nicht aus irgendeinem Grund übersehen.

Die Investition und das Engagement auf Werbung ist ein wichtiger Schritt auf jeder Art von Plattform, so in Twitch können Sie nicht übersehen, die Ziele des Mediums, die einen großen Eintrag zu gewährleisten, so zu wissen, wie Werbung zu üben löst viele Zweifel oder Bedenken, wo die Gamer-Welt dominiert diese Plattform.

Die Planung, Twitch zu betreten, ist ein notwendiger Schritt, dies bestimmt die wichtigste Gemeinschaft, um Zugang zu dieser Beteiligungsrate zu erhalten, die mit Ihrem Publikum garantiert ist, dies zusammen mit der Fähigkeit ist eine mächtige Waffe, so dass mit den folgenden 10 Spiele können Sie erreichen, erstellen Sie eine erste Ebene Kanal:

- **1- Super Mario Maker**

Das Spiel "Super Mario Maker" ist ein bekannter, seitwärts scrollender Plattformer, der eine große Erfolgsspanne über die Nintendo-Marke erlangt hat, in der Mario-Fans eine wichtige Position einnehmen, wobei jeder angepasste Titel mit großer Leidenschaft an andere Benutzer weitergegeben wird.

Ein weiterer Grund, warum dieses Spiel ein wichtiges Gewicht hat, sind die 100 Mario-Herausforderungen, bei denen Sie auch das Pilzkönigreich vollständig erforschen können, um allen Arten von Zuschauern großen Spaß zu vermitteln, denn es ist ein perfektes Spiel zum Streamen und zur Förderung Ihres Kontos.

Die Interaktion mit dem Twitch-Publikum ist bei einem so häufigen Spiel wie diesem viel einfacher zu nutzen, vor allem,

wenn das Publikum diese Art von digitalen Trends genau verfolgt und es ein großes Publikum gibt, das sich für diese Art
von Spiel begeistert.

- **IRL**

Die Aktion der Werbung auf Twitch stellt in jeder Hinsicht eine
große Investition dar, daher ist das Streben nach einer höheren Einschaltquote ein klares Ziel. Daher ist die Einbindung
einer Anwendung in vielerlei Hinsicht die Lösung, insbesondere für die Kombination zwischen der realen Ausstrahlung
und der virtuellen Welt eines Videospiels.

Amazons Präsentation des IRL hat gewisse Zweifel hervor-
gerufen, obwohl es notwendig ist, klarzustellen, dass es sich
nicht wirklich um ein Spiel handelt, sondern um einen Kanal,
in dem die Benutzer es schaffen, Momente ihres Lebens zu
übertragen, diese Art von Funktion ist ideal, um auf einer
Plattform voranzukommen und zum Zeitpunkt der Erzeugung
der Funktion der Übertragung eines Spiels.

Jeder Benutzer kann eine ganze Reihe von Inhalten teilen,
die sich von dem Gamer-Aspekt unterscheiden, da es darum
geht, einige Momente des täglichen Lebens zu teilen und fes-
tzuhalten. Diese Art der Unterhaltung ruft bei einem bestimmten Publikum großes Interesse hervor, da sie nicht nur nach

synthetischen Inhalten suchen, sondern nach Inhalten aus ihrem eigenen Leben.

- ## 3- League of Legends

Die Popularität von League of Legends hat sich wiederholt auf Twitch bemerkbar gemacht, so geschah es im Jahr 2017, wo es zu einem der meistgefragten Spiele auf dieser Plattform wurde, das Interesse hat bis zu 80 Millionen Stunden der Übertragung zu diesem Thema erreicht.

Der LOL-Inhalt ist ein Spiel, das auf der Plattform traditionell hochgelobt wird. Das liegt an der Leidenschaft für die Strategien und Ereignisse, die sich nach einer Online-Schlacht ergeben, dazu kommt die Konfrontation, die sie online geschaffen haben, um Teams zu bilden und eine große Show zu schaffen.

Es ist hoch die Popularität dieses Spiels auf Twitch, auch in Richtung einer professionellen Deal, denn solange Sie ein höheres Maß an Wettbewerb zu generieren erhöht die Menge der Zuschauer, und es gibt nichts mehr charmant über Gaming als Wettbewerbsfähigkeit, dass Geist der Überwindung hilft, ein aktives Publikum zu finden.

- ## 4- Grand Theft Auto V

Dieses Spiel bietet einen hohen Anteil an Abenteuer und Ac-
tion, so dass es als eines der besten angesehen wird, an diesem Punkt wird es zu einem angesehenen Unterhaltungspro-
dukt, so dass es in Twitch einen wichtigen Platz einnimmt,
seit seiner Einführung im Jahr 2013 hat sein breites Design
ein hohes Maß an Anziehungskraft verursacht.

Der Trend, den es in der Welt gesetzt hat, ist auf seinen rie-
sigen Fanclub zurückzuführen, diese sind gut über die Anwendung verteilt, aus diesem Grund ist es ein ausgezeichne-
tes Thema geworden, das man in Betracht ziehen sollte, dies
ist eine besondere Maßnahme für neue Benutzer und auch
für Marken, da es eine Möglichkeit ist, mehr Publikum zu erfassen.

- ## 5- Counter-Strike: Global Offensive

Durch Conter-Strike: Global Offensive können Sie auf ein
klassisches und leidenschaftliches Gaming-Publikum zugreifen. Twitch-Benutzer haben also eine große Chance, dank
dieses Themas für Aufsehen zu sorgen, und es ist auch eine
sehr beliebte Option, weil es ein einfaches Spiel ist.

Die hohe Konkurrenzfähigkeit zwischen zwei Teams und der
Kampf um den Sieg ist eine große Dynamik, die auf der Platt-

form Anziehungskraft erzeugt. Mit den acht Spielmodi und ih-ren Funktionen gibt es viel zu enthüllen und Twich ist ein ideales Medium für diesen Zweck, bei dem das Publikum mit Ihren Spielen in Verbindung treten kann.

Die Flugbahn, die mit diesem Spiel erreicht werden kann, ist hervorragend, aber da es sich um einen überfüllten Trend handelt, wäre es am geschicktesten, sich mit einem Influen-cer auf diesem Medium oder in einem anderen sozialen Netzwerk zusammenzutun, um Verkehr auf den Übertragun-gen zu gewinnen, die man machen kann, je mehr Kräfte sich zusammenschließen, desto mehr Zuschauer werden es am Ende.

• 6- The Legend of Zelda: Breath of the Wild

Durch die Saga von Te Legend of Zelda präsentiert ein großartiges Szenario auf Twitch entstehen, vor allem für seine Popularität mit Nintendo, und von jeder Tranche, die sofort Details ausgestellt wird Trend auf dieser Plattform, es wurde auch als einer der besten Videospiele eingestuft.

In Twtich mit einem Publikum leidenschaftlich über dieses Spiel können Sie sehr schnell vorankommen, vor allem unter Ausnutzung der Macht der einzelnen Konsolen, wie PlayStation, Xbox oder Nintendo haben jeweils ihre eigene Gemeinschaft folgenden, bis zu dem Punkt, dass eine hohe Anzahl von Fans, die jede Inzidenz dieses Spiels bevorzugen.

In der letzten Zeit findet dieses Spiel immer mehr Anklang, auch dank des Wissens, das über die Öffentlichkeit verbreitet wurde. Wenn Sie ein Detail über diesen Trend beherrschen, können Sie sich dem Ziel anpassen, Attraktivität zu erzeugen und zusätzlich eine ganze Reihe von Werbekampagnen in Bezug auf dieses Spiel zu starten.

• 7- Tot bei Tageslicht

Um Inhalte für diejenigen zu schaffen, die Geheimnis und gleichzeitig mit Terror, die Antwort für diese entsteht über dieses Spiel, wo jeder Kampf um das Überleben wird hoch interessant, wo die Entwicklung basiert auf ein Spieler gegen vier, und es ist über Assassinen kämpfen für das Überleben. Jeder Zuschauer, der bei Twitch dabei ist, möchte ein unvergessliches Erlebnis erleben, mit diesem Spiel werden sie sich wie in einem echten Horrorfilm fühlen, in der Mitte der Entwicklung können Sie eine großartige Ausstrahlung schaffen, die Sie innerhalb der Plattform anhebt, an diesem Punkt können Sie ganz auf digitales Marketing für eine tolle Atmosphäre setzen.

- **8- Minecraft**

Ein Spiel wie Minecraft wird als großes Abenteuer beschrieben, trotz des ersten Eindrucks entpuppt sich das Platzieren von Blöcken als eine große Chance, nach 2009 wurde es ein PC-Spiel, das eine riesige Anzahl von Verkäufen generierte, was bedeutet, dass dahinter ein großes, leidenschaftliches Publikum steht.

Durch die Möglichkeit, eigene Welten zu erstellen, haben Sie die Möglichkeit, ein attraktives Konto einzurichten, in dem Erkundungsaktivitäten die Zuschauer verführen können. Das Ziel ist, dass Sie ein großartiges Erlebnis bieten und das Beste aus dem Inhalt dieses Videospiels machen können, so dass es einen garantierten Erfolg bedeutet.

- **9- Resident Evil 7**

Das Spiel, das alle starken Emotionen besitzt, ist zweifellos Resident Evil 7, jede seiner Sagas enthüllt wichtige Details, die man nicht übersehen kann, es ist ein Charme, den man aus keinem Grund verpassen kann, das ist ein Trend, der vom Publikum gut aufgenommen wurde, um den Terror genau zu verfolgen.

Die Angst, die durch den Kampf von Zombies mit anderen Kreaturen entsteht, wird als großer Magnet postuliert, um mehr und mehr Zuschauer zu binden. Diese Überlegungen sind der Schlüssel, um zu den Fans dieses Spiels zu passen, auch wenn es eine Zielgruppe abdeckt, die etwas erwachsener ist als die traditionelle.

- **10- Fortnite**

Eines der Spiele mit einem hohen Grad an Popularität über Streams ist Fortnite, seit es mit seiner Veröffentlichung in Softwarepaketen ankam, ist es ein sehr beliebter Spielmodus geworden und hat die ganze Aufmerksamkeit über Battle Royale Spiele gewonnen, besonders für die Version, die es Ihnen erlaubt, mit 100 Spielern zu spielen oder kostenlos teilzunehmen.

Dies sind Spiele, die ein breites Publikum Ebene haben, ist es ein Inhalt, der nicht innerhalb der modernen Trends verpassen, oder zumindest kann als Teil einer Strategie verwendet werden, um bekannt zu sein, ist der Trick, um das Spiel, das mehr mit Ihrem Stil geht und verursachen eine große Sensation auf das Publikum zu wählen.

Die Wahl eines Spiels ist eine erste Mission, die sorgfältig durchgeführt werden sollte, um sicherzustellen, dass Sie unter einem Thema, das Macht auf Twitch hat, obwohl alle Publikum verbindet mehr mit der Natürlichkeit auch, dass Sie übertragen können, in der Mitte dieser Interaktion ist, dass Sie es schaffen, sich in der Art und Weise zu fördern, die Sie auf der Plattform oder anderen sozialen Netzwerken erwarten.

Mit einem definierten Spiel können Sie kommerzielle Allianzen eingehen, um Botschafter einer Marke zu werden, wobei jeder Blick gut belohnt wird und Sie eine zusätzliche Motivation erhalten, ein größeres Publikum zu erreichen. Diese Art von Aktion schafft ein dauerhaftes Konto und einen Anreiz, sich darum zu kümmern.

Nun, da Sie über Gaming und die Möglichkeiten, seine wertvollen Auswirkungen zu nutzen, wissen, können Sie ein besseres Projekt über Ihr Twitch-Konto gestalten, bis Sie es in eine große Marke verwandeln, indem Sie den Kurs des digitalen Marketings folgen, gibt es keinen Zweifel, dass dies am Ende auf die Menge der Anhänger und sogar Zuschauer reflektiert.

Strategien zur Steigerung des Engagements auf Twitch

Die Welt der Streaming-Medien ist eine Welt, die Marketing-Maßnahmen benötigt, aber dafür ist es notwendig, beim Start Ihres Kanals Ziele zu setzen, um Strategien zu erstellen, die es ermöglichen, jedes Ziel zu erreichen, wobei das Grundlegende darin besteht, darauf zu setzen, Sichtbarkeit zu erlangen und die Menge an Followern zu bekommen, die Sie erwarten.

Über die Erstellung des Twitch-Kanals hinaus ist Engagement erforderlich, denn Sie müssen sich an Ihre Ziele halten, vor allem, wenn Sie einen wirtschaftlichen Nutzen anstreben, wird dieser dank einer klaren Anstrengung, die Ihre Leidenschaft zeigt, Wirklichkeit:

- 1- Sie brauchen mehr Benutzer, die Ihren Kanal häufiger zum ersten Mal besuchen.

- 2- Bei jeder Live-Übertragung müssen die Benutzer mindestens 3 Minuten lang bleiben.

- 3- Interaktion ist eine allgemeine Regel. Je mehr Kommentare im Chat, desto besser für das Image des Kanals.

- 4- Follower sind das Ziel, vor allem um Popularität zu gewinnen, ohne Menschen gibt es keine Aufmerksamkeit oder Zweck der Übertragung.

- 5- Der Stream-Kanal muss mit der Rückkehr des Benutzers übereinstimmen.

- 6- Einholen von Abonnements und Spenden.

Mit Hilfe dieser wichtigen Punkte oder Ziele schaffen Sie es, die Fehler oder Ablenkungen innerhalb des Wachstums des Twitch-Accounts beiseite zu lassen, aber alles hat seine Zeit und es ist notwendig, mit viel Geduld zu wachsen, aus diesem Grund müssen Sie einen Schritt für Schritt wissen, um die notwendigen Strategien zu erteilen, wo die Macht durch das Profil entsteht.

Erstellen Sie einen aufmerksamkeitsstarken Twitch-Kanal

Damit ein Twitch-Kanal wirklich das erwartete Niveau erreicht, müssen Sie mit einem guten Design beginnen. Dazu gehört ein gutes Profilbild, zusätzlich zu allen Anpassungen auf den Informationstafeln, um die Spiele oder Inhalte zu beschreiben, die behandelt werden sollen, um sie auf eine großartige Weise darzustellen.

Die Einstellung und das Design erzeugt eine gute Wirkung, um Ihr Konto zu präsentieren, alles muss mit dem Spiel oder den in der Übertragung gezeigten Inhalten verbunden sein, dazu kommen die persönlichen Informationen des Streamers, wo Sie das PayPal-Konto aussetzen können, während das Thema des Systems automatische Updates erhalten muss.

Das Bild und das Projekt des Kanals sollten von Anfang an klar sein, solange Sie eine Identität verfolgen können, zusammen mit einer lustigen Persönlichkeitsprobe, um mehr Gründe zu wecken, durch die sie Sie auf Twitch lieben können, wo zwei Motive zusammenkommen, das Wissen, wie man unterhält oder die Fähigkeit und das Wissen über ein bestimmtes Thema.

Damit ein Follower lange genug auf der Übertragung bleibt, ist es notwendig, die nötigen Emotionen wecken zu können, denn wenn man keine Aufmerksamkeit erregt, ist es sehr einfach, sich vom Video zurückzuziehen, also ist die Anziehungskraft ein wichtiger Punkt, den man berücksichtigen muss und der bei einem Streaming nicht fehlen darf.

Die Faktoren, die hervorgehoben werden und die für einen Twitch-Benutzer von Bedeutung sind, sind das Bild des Kanals, zusammen mit dem Titel der Übertragung, um eine signifikante Anzahl von Zuschauern zu erreichen, das Verständnis der Beziehung zwischen diesen drei Punkten definiert den Erfolg auf dieser Plattform, dafür entstehen diese Konzepte:

- Kanalbild

In Twitch ist es sehr wichtig, das Bild des Kanals zu berücksichtigen, obwohl Sie an diesem Punkt keine Manipulationen vornehmen können. Diese Art von Bild ist dasjenige, das zu dem Zeitpunkt, an dem der Live-Stream entsteht, ausgesetzt wird, aber Sie haben die Kontrolle, ein großes persönliches Bild durch das Layout, das auf dem Stream ist, auszustrahlen.

Der Unterschied, ob man Aufmerksamkeit erregt oder nicht, liegt in diesen kleinen Details, denn ohne oder mit den zusätzlichen Hilfsmitteln dieser Plattform bekommt man zwar Follower, aber die können auch wieder gehen, wenn sie keinen idealen Eindruck finden, das Design hinterlässt immer einen wichtigen Eindruck.

- Kanal-Titel

Der Titel des Kanals ist ein Aspekt von großem Wert, denn wenn er nicht plakativ oder ansteckend ist, wird er keine große Wirkung auf das Publikum haben, er ist auch das, was Sie herausstechen lässt, daher ist die Empfehlung, originell zu sein, sehr präzise, damit er nicht langweilig ist, dann besteht die Absicht, die Erwartung aufrechtzuerhalten.

Der Nutzen des Kanals ist immer wichtig, für jeden Benutzer auszustellen, so sind diese Grundprinzipien, die innerhalb der Werbung verwendet werden, dies sind keine neuen Tipps, aber sowie sie sehr beliebt sind, sind sie wesentlich zu erfüllen, ein Minimum Versehen und Sie verlieren Wirkung durch Methoden so zugänglich.

- Anzahl der Zuschauer

Die Anzahl der Zuschauer ist eine Schätzung, dieser Test dient dazu, die Art der Wichtigkeit zu messen, die das Streaming über andere Leute erhält, denn wenn es auf dem richtigen Weg ist, spiegelt sich das über diese Menge wieder, und die zentrale Idee ist, dass mehr Leute einsteigen oder den Inhalt genau verfolgen wollen.

Obwohl diese Art von Ergebnis direkt vom Twitch-Algorithmus abhängt, da er auf der Grundlage dieses Faktors funktioniert, werden die Kanäle, die mehr Publikum haben, gefördert, und für jeden, der anfängt, stellt dies einen großen Nachteil dar, vor allem weil jeden Tag mehr neue Kanäle entstehen.

Die Korrektur dieses Details, Zuschauer zu haben, die drei Minuten auf der Sendung bleiben, ist ein wichtiger Aspekt, den es zu beachten gilt. Dieser Durchschnittswert ist entscheidend, um den vom Sender verursachten oder ausgestrahlten Wert zu bewerten, obwohl es in vielerlei Hinsicht positiv ist, ein kleineres Publikum zu haben, weil es leichter zu kontrollieren ist.

Die Häufigkeit der Nutzer kann verwaltet werden, wenn es um eine kleine Anzahl von Nutzern geht, denn ein Prinzip im Marketing ist es, die ersten Nutzer zu halten, die Loyalität des Publikums aufzubauen, das Ihr Konto braucht, die Absicht ist, dass Sie sich um jeden Nutzer kümmern können und dann darüber nachdenken, mehr zu gewinnen.

Der Algorithmus von Twitch, der Ihr Wachstum behindert

Das erste, was man bei dem Wunsch, auf Twitch zu wachsen, beachten sollte, ist, dass man verstehen muss, wie der Algorithmus funktioniert, da dies die Hauptursache dafür ist, dass einige Kanäle höher angesehen werden als andere. Die Positionierung innerhalb von Twitch ist essentiell zu meistern, das gibt es in jedem sozialen Netzwerk, und diese Plattform ist keine Ausnahme, aber der Unterschied zwischen einem Konto und einem anderen ist die Anzahl der Zuschauer, das ist der Schlüsselfaktor, um an der Spitze des Streamings einer Kategorie oder eines Videospiels zu sein.

Um innerhalb dieser Plattform aufzusteigen, ist es notwendig, eine Anzahl von Zuschauern zu haben, sonst wird alles kompliziert, ohne diesen Aspekt abzudecken, ist es für neue Benutzer unmöglich, Sie zu finden, sonst wird das Wachstum Ihres Twitch-Kontos blockiert, also ist es notwendig, sich um die Erhöhung der Zuschauer zu kümmern.

Eine Schlüssellösung ist die Anpassung Ihres Streamings, dies kann mittels eines Frameworks, Widgets, Erweiterungen und Alerts erfolgen. So erreichen Sie einen besseren Eindruck des Kanals mit einer professionellen Ausstrahlung, so dass Ihre Übertragung die Art von Attraktivität präsentieren kann, die Sie benötigen.

Sie müssen eine Post-Streaming-Metrik durchführen, dank der Plattform zeigt wichtige erweiterte Daten, nach diesem Fortschritt können Sie den Moment ans Licht bringen, durch den Sie eine höhere Konvertierung in dem Kanal durchführen, mit dieser Studie können Sie Ihre Aktivad auf der Plattform verbessern, um die Verhaltensweisen zu replizieren, die Ergebnisse geben.

Alles über Twitch-Bots und ihre Funktionen

Inmitten der Entwicklung von Twitch wurden Websites und Anwendungen vorgestellt, die keinen unerlaubten Zweck haben, sondern eine viel einfachere Möglichkeit darstellen, auf dieser Plattform zu wachsen. Im Falle der Frage nach der Funktion, die ein Bot auf Twitch erfüllt, handelt es sich um Software, die erstellt wurde, um Aufgaben wiederholt durchzuführen.

Die Intelligenz dieser Add-ons stellt eine große Ebene dar, um die menschliche Arbeit an der Interaktion dieser Plattform zu ersetzen, aber traditionell haben sie Funktionen wie Spracherkennung abgedeckt, dies ist ein Beispiel für die große Vielfalt der Bots, die es gibt und jeder erfüllt einen bestimmten Zweck.

Im Fall von Twitch sind drei Arten von Bots implementiert, die wichtigsten davon sind: Chats-Bots, View-Bots und Follow-Bots, der erste hat eine Funktion, die nicht versagt und dient als eine große Unterstützung für die Interaktion, die beiden folgenden auch, aber jeder Fehler oder Missbrauch kann einen Ausschluss vorübergehend oder sogar dauerhaft hervorrufen.

Die oben beschriebene Risikosituation entsteht dadurch, dass Chatbots auf einem System basieren, das mit künstlicher Intelligenz ausgestattet ist, um Funktionen auszuführen, durch die sie mit anderen Mitgliedern des Kanals interagieren können und unbemerkt bleiben, wenn sie Interaktionen erzeugen, um sich bekannt zu machen.

Diese Bots sind innerhalb der Plattform sehr beliebt, allerdings ist es wichtig, dass ihr Betrieb moderiert wird, damit Twitcht keine Sanktionen verhängen kann. Die Hauptvorteile des Bots gegenüber dem Chat und der Interaktion sind die folgenden:

- Für Benutzer, die eine beleidigende Sprache verwenden, kann je nach der von Ihnen festgelegten Zeitdauer eine Sperrung erfolgen.

- Sie können Gewinnspiele erstellen und jede Strategie erfüllen, um Chat-Mitglieder zu ermutigen.

- Entwickeln Sie eigene Befehle für Chats.

- Erleichtert Songanfragen, um ein hohes Maß an Interaktion aufrechtzuerhalten.

- Der Bot gibt eine Antwort auf einen von einem Benutzer eingegebenen Befehl aus.

Während Follow-Bots und View-Bots als Systeme vorgestellt werden, um die Zahlen zu erhöhen und den Eindruck über den Kanal zu verbessern, verstößt diese Art von Verhalten gegen die Regeln von Twitch, insbesondere bei der Verwendung von Fake-Accounts sowie illegalen Skripten, die zu diesem Zweck zwischendurch eingesetzt werden.

Die Verwendung dieser Bots ist absolut verboten, die Sperren reichen von einem bis zu dreißig Tagen, bei Rückfälligkeit kann die Strafe auf unbestimmte Zeit verhängt werden, daher müssen Sie Vorkehrungen treffen, um den Kanal nicht zu verlieren, aus diesem Grund können Sie, je mehr Sie wissen, sie zu Ihrem Vorteil nutzen, ohne so viele Risiken einzugehen.

Erfahren Sie, wie Sie einen Bot für Twitch-Chats verwenden

Die Funktion der Chats-Bots ist darauf ausgerichtet, die Arbeit eines Moderators zu erleichtern, damit sich Streamer auf Twitch wohler fühlen. Im Folgenden erfahren Sie Schritt für Schritt, wie Sie den Chat Ihrer Videos am besten steuern können:

1- Melden Sie sich bei Twitch an

Jeder Bot hat bestimmte besondere Optionen, aber die Bedienung ist im Großen und Ganzen gleich, so dass der erste Schritt, den Sie tun müssen, ist, das Twitch-Konto zusammen mit dem Bot zu verbinden.

2- Anmeldung

Beim Verbinden der beiden Plattformen müssen Sie sich auf der offiziellen Website des Bots befinden, damit Sie dann die Schaltfläche zum Anmelden bei Twitch finden, wo Sie Ihre persönlichen Daten eingeben müssen, um diesen Schritt des Anmeldens abzuschließen.

3- Endgültige Anforderungen

Um den Prozess abzuschließen, müssen Sie nur ein paar Schritte befolgen, die für jeden Bot unterschiedlich sind, je nachdem, welchen Sie verwenden. Wenn Sie jede Anforderung erfüllen, wird der Bot im Chat aktiv, er ist ein Mitglied der Twitch-Community, Sie können auch auf die Chat-Bot-Konfiguration zugreifen, um Ihre Bedürfnisse zu erfüllen.

Die Funktionen von Chatbots

Bevor man Chatbots in Betracht zieht, ist es wichtig, sich über die einzelnen Funktionen, die sie ausführen können, im Klaren zu sein. Wenn man weiß, wie man sie vollständig nutzt, kann man den Chat nach Belieben meistern, die wichtigsten Aktionen, die der Bot abdeckt, sind die folgenden:

- Sie helfen bei der Moderation des Chats mittels angepasster Befehle, so dass jeder Benutzer Zugang hat und gut behandelt werden kann, es ist eine große Unterstützung gegen Trolle.

- Durch diese Moderatoren werden alle Arten von Übertragungen einfach und dynamisch, obwohl sie die Aktionen menschlicher Moderatoren nicht ersetzen, sondern als Unterstützung fungieren.

- Schränken Sie Benutzer ein, die im Chat anstößige Wörter verwenden, damit alles seine Ordnung hat.

- Es ermöglicht Ihnen, dynamische Aktivitäten wie Spiele und Gewinnspiele im Chat zu organisieren.
- Wendet alle möglichen Befehle auf den Chat nach der Anpassung an.
- Es bietet ein unterhaltsames Erlebnis, das die interaktive Aktion mit der Möglichkeit, Lieder anzufordern, ergänzen kann.
- Bietet dem Benutzer Antworten an, wenn er einen Befehl innerhalb des Chats postet und aktiviert.

Die Liste der besten Chatbots für die Verwendung auf Twitch

Die Funktion der Chats-Bots basiert darauf, ein großartiges Werkzeug zu sein, damit die Interaktion effizient entwickelt werden kann, und zwar so weit, dass sie als menschliche Moderatoren eingesetzt werden können, sie können für die Förderung des Kontakts mit Tausenden von Teilnehmern, die im Chat sind, verantwortlich sein, dafür können Sie die folgenden Bots verwenden, die als die besten angesehen werden:

- **Nachtbot**

Das Design dieses Bots ist auf YouTube ausgerichtet, diese Option bietet wichtige Funktionen, um mit der Live-Chat-Moderation effektiv umzugehen, dies ist ein automatischer Weg, um das Publikum näher zu bringen, diese Ebene der Interaktion erhöht das Interesse an Ihrem Kanal, was genau das ist, was Sie brauchen.

Der Betrieb dieses Bots bietet ein sehr umfangreiches Kontrollpanel, in dem Sie Ihre Ziele in aller Ruhe anpassen können. Auf diese Weise haben Sie alle Arten von Informationen über den Community-Chat ohne Probleme, diese Anpassungsmöglichkeiten erzeugen Chat-Protokolle, die sehr nützlich sind, ohne Downloads und kostenlose Funktionen.

- **Moobot**

Der Moobot ist ein Bot mit einer großen Flugbahn auf Twitch, aus diesem Grund ist er einer der effizientesten, dies geschieht dank der Tatsache, dass seine Aktionen automatisiert sind, so dass Sie ihn vergessen können und die Interaktion wird garantiert, vor allem mit den Funktionen, die er so hervorragend hat.

Zu den zusätzlichen Funktionen dieses Bots gehören ein SPAM-Schutz sowie attraktive Chat-Antworten, um das Interesse zu wecken. Die Arbeit des Bots wird mit Hilfe von Befehlen angepasst, die jedem Bedürfnis der Betrachter gerecht werden, und zwar mit Hilfe fortschrittlicher Werkzeuge, die Ihnen zur Verfügung stehen.

- **StreamElements**

StreamElements ist ein hochfunktionales Programm, das dem Chat auf Twitch hinzugefügt werden kann, wo es leicht verwaltet und gereinigt werden kann, dies ist auch mit anderen Plattformen kompatibel, vom ersten Moment an, in dem die Übertragung stattfindet, liegt alles in den Händen des Bots, um sich um jeden Teilnehmer zu kümmern, der Teil des Streams ist.

Zu den Funktionen des Bots gehören Befehle und Module, um die Belästigung durch SPAM loszuwerden, zusätzlich zur Integration eines Timers, um andere Benutzer für jede Unregelmäßigkeit zu bestrafen, dafür gibt es 30 Befehle für den Chat, um die Leistung zu haben, die Sie erwarten.

- **Streamlabs**

Dieser Bot wurde als Anknbot bekannt, es ist ein Bot entwickelt und ideal für den Einsatz in Mixer, YouTube und Twitch, sein Unterschied zu anderen Bots basiert auf der Ausübung eines Währungssystems, Durchführung von Gewinnspielen, Bewertungstabelle, Veranstaltungen, Wetten und eine Vielzahl von Funktionen.

Die Moderations-Tools, die dieser Bot bietet, sind eine große Chance. Obwohl es sich um ein kostenloses System handelt, ist es eine zuverlässige Alternative, da es wichtige Trainingsalternativen enthält. Mit diesem Chat-Management können Sie den Kanal attraktiver machen, als Sie erwarten.

• Deepbot

Schließlich gibt es noch Deepbot, es wird als freie Software postuliert, die sich dem Spenden widmet, neben ihrer Aufgabe, den Twitch-Chat zu moderieren, arbeitet sie auch daran, Preise an die Mitglieder der Übertragung zu vergeben, dies geschieht mit Verlosungen, Songwünschen und jeglicher Art von Dynamik.

Ein Bot dieser Art hat sehr fortschrittliche Befehle, um die Interaktion innerhalb des Kanals zu verwalten, mit einer breiten Option, um die Befehle nach Ihren Bedürfnissen anzupassen, das System befindet sich in der Cloud, so dass es eine großartige Einrichtung für keine Downloads ist, es ist eine großartige Möglichkeit für den Twitch-Kanal, um richtig zu funktionieren.

Der kostenlose Hack für Twitch.tv 2021, den Sie benötigen

Wenn Sie daran interessiert sind, zu wachsen und den Hack für Twitch zu bekommen, gibt es keinen Zweifel, dass diese Motivation auf das Bestreben zurückzuführen ist, schneller und einfacher zu skalieren, obwohl es aus erster Hand notwendig ist zu wissen, dass es keinen Hack gibt, der völlig kostenlos ist, aber es gibt Wege, durch die Sie die Anzahl der Zuschauer mühelos erhöhen können.

- **Kostenlose Follower über Like4like.org**

Durch die Website Like4like.org können Sie große Zuwächse an Followern erzeugen, und das Beste daran ist, dass es ein kostenloser Schritt ist, bei dem die Hauptanforderung darin besteht, anderen Konten oder Personen mit einem Like zu folgen, aber dies kann von einem anderen Konto aus geschehen, um keinen schlechten Eindruck zu hinterlassen und keinen Verdacht zu erregen.

Diese Art von Prozess ist nicht kompliziert, Sie müssen nur die folgenden Schritte ausführen, um Ihren Kanal zur Website-Liste hinzuzufügen:

1- Sie müssen sich auf der Like4like.org-Website registrieren.

2- Gehen Sie auf "Seiten anzeigen und verwalten", dann auf "TwitchFollows".

3- Geben Sie die URL ein, die von Ihrem Twitch-Profil stammt, und geben Sie ein, was Sie für jedes Follow bezahlen werden, Sie können auch eine Beschreibung eingeben.

4- Klicken Sie auf "URL hinzufügen".

Sobald Sie diese Schritte abgeschlossen haben, müssen Sie die Punkte erhalten, die Sie gegen Twitch-Follower eintauschen werden, dies geschieht nach dem folgenden Prozess:

1- Melden Sie sich bei "Social Media Exchange" und dann bei "Twitch Followers" an.

2- Es ist an der Zeit, den Kanälen anderer Leute zu folgen, um die benötigten Punkte zu erhalten.

Indem Sie diese Schritte befolgen, können Sie die Follower bekommen, die Sie für Ihr Twitch-Konto benötigen. Das Beste von allem ist, dass sie echt sind und es keine Begrenzung gibt, außerdem gehen Sie kein Risiko ein, das Konto zu verlieren, das sind Leute, die auch danach suchen, ihr Konto zu vergrößern.

Die besten bezahlten Hacks für Twitch

Es ist notwendig zu verdeutlichen, dass bezahlte Hacks viel effizienter sind, denn neben den Followern kann man auch den Kauf von Zuschauern für den Moment, in dem man ein Streaming macht, finden, so gewinnt ein Video mehr Potenzial durch Besuche, die das Konto viel attraktiver machen, sollte man folgendes beachten:

- **Twitch-Bot (günstig)**

Über diese Website erhalten Sie großartige Optionen zu einem günstigen Preis, wobei die Pakete Dienste wie Videobesuche, Zuschauer, Follower und auch Live-Kommentare enthalten.

- **Viewer Labs (teuer)**

Diese andere Website ist eine der besten Bot zu übernehmen Twitch, sein Angebot ist ähnlich wie Twitch Bot, obwohl der Betrieb ist besser für den Realismus es bietet, ist das Detail, um ein Budget, das erreichen können, wenn Sie die

Möglichkeit haben, ist ein Bot, dass jeder gerne haben würde.

Die Zusatzfunktion dieses Bots basiert auf einem Service, der Ihnen die anderen Dienste näher bringt, so dass Sie alle Arten von Funktionen mindestens eine halbe Stunde lang kostenlos testen können, so dass es sich um eine optimale Investition handelt.

Kann man ein Konto sperren, weil es einen Hack oder Bot verwendet?

Dieser Zweifel kann die Absicht von jemandem zu stoppen, um in Twitch mit Hacks zu wachsen, aber die Antwort darauf ist eine schallende "es hängt", der Grund für diese müssen Sie wissen, was Sie tun, im Falle der Verwendung von Bots, wenn sie Sie verbieten können, das gleiche passiert mit bezahlten Hacks, dies geschieht, weil es die Aktion von Bots ist.

Aber wenn Sie kostenlose Medien verwenden, wird das Konto nicht verboten, das ist, weil die Anhänger sind echte Menschen, diese sind verantwortlich für das Erhalten von Anhängern, Zuschauern und Kommentaren, so dass sie nicht ungültig sind, ist dies eine überraschende Klarstellung, weil es gedacht wird, dass durch die Zahlung gibt es weniger Risiken.

Es ist wichtig zu berücksichtigen, dass bei der Verwendung von Bots oder einige Hacks auf Twitch zu wachsen, können Sie eine durchschnittliche Zahl zu erreichen und lassen Sie es für eine Weile, bis Sie es brauchen, ist das Wesentliche, um es zu Gunsten der Interaktion zu gewinnen, auch dies hilft, um sich von der Erregung des Verdachts auf die Plattform Sicherheitsteam zu schützen.

Entdecken Sie, wie Sie Zuschauerzahlen auf Twitch steigern und fälschen können

Die Popularität von Twitch ist weitgehend auf die Berühmtheiten, die durch die Übertragung der Art, wie sie spielen von zu Hause aus gebildet werden, schafft dies nicht nur Ruhm, aber Sie können auch Millionen von Dollar durch Gaming und vor allem mit einer natürlichen Persönlichkeit zu verdienen, ihre Fähigkeiten oder Neuheiten zu demonstrieren.

Jeder möchte diese Ebene des Wachstums auf Twitch erreichen, weil der Aufbau eines Namens auf dieser Plattform kompliziert sein kann, aber es gibt die Möglichkeit, Tausende von Zuschauern ohne so viel Wartezeit oder Problem dazwischen zu gewinnen, es ist die gefälschte Ansichten, diese helfen Ihrem Konto verbessern können, um attraktiv für die realen Ansichten zu sein.

Allerdings hat Twitch eine sehr strenge Politik, um mit dem Problem der Follower und gefälschten Ansichten umzugehen. Wenn also ein Benutzer mit diesen Praktiken erwischt wird, können Sie bestimmte Korrekturen erhalten, aber Sie können diese Zahlen von Ansichten unsichtbar halten, um von der Sicherheit unbemerkt zu bleiben.

Versuche, diese Plattform zu hacken, werden immer häufiger, daher sollten Sie die Hauptsoftware oder diejenige, die am besten für Twitch-Zuschauer funktioniert hat, kennen, damit Sie sicher sein können, dass Sie Zahlen erhalten, die nicht von hohem Niveau sind, um keinen Verdacht zu erregen.

Treffen Sie die besten Twitch-Bots

- **Twitch Viewer Bot**

Um an die Spitze von Twitch zu gelangen, bedarf es zusätzlicher Anstrengungen und Hilfe, daher ist die Verwendung von Twitch Viewer Bot ein sehr nützlicher Service, der unerkennbare Funktionen präsentiert, um den Zweck zu erfüllen, mehr Zuschauer zu erhalten, die so notwendig sind, um Erfolg innerhalb dieser Plattform zu erreichen.

Durch diesen Viewer-Bot haben Sie die Möglichkeit, die Anzahl der Zuschauer zu wählen, die Sie erhalten möchten, Sie können auch den Chat aktivieren, so dass Sie ein reales Bild des Kanals senden können, dafür ist der Chatbot ideal, weil er für das Schreiben von Nachrichten zusammen mit Kommentaren als Teil der notwendigen Interaktion verantwortlich ist.

Diese Art der Unterstützung erweckt den Eindruck, dass es sich um echte Menschen handelt, vor allem, wenn Sie die Häufigkeit der Nachrichten einstellen können. Der ganze Vorgang sieht authentisch aus, so dass es ein großartiges Werkzeug ist, um in wenigen Minuten Tausende von Anhängern auf dem Kanal zu erreichen.

Durch das Erreichen einer großen Anzahl von Zuschauern und Followern erreichen Sie einen hohen Bekanntheitsgrad auf Twitch, zumal der Bot als anonymer Zusatz fungiert, der auf dieser Plattform übersehen wird. Er gilt als sicherer Weg, um über gefälschte Zuschauer zu verfügen, bei denen die Informationen durch Proxys geschützt sind.

Es gibt keine Einschränkung, um es zu nutzen, dies ermöglicht Ihnen, es zu Ihrem Vorteil zu nutzen, dieser Service ist unter vier verschiedenen Modalitäten verfügbar, wo eine bestimmte Anzahl von Anhängern, Zuschauern und Chat-Benutzern angeboten werden, die Bronze ist im Wert von $ 10 und ist die billigste, mit 1000 Anhängern, 75 Zuschauern und 50 im Chat.

- **Streambot**

Dieser andere Bot hat eine wichtige Auswirkung auf Twitch, er kann leicht verwendet werden, um die minimalen Zahlen zu erreichen, die man braucht, um Geld auf dieser Plattform zu generieren, alles dank der Tatsache, dass sie eine wichtige Datenbank von Zuschauern haben, diese Website hat 2 Millionen Benutzer und 15 Millionen tägliche Zuschauer.

Ein Dienst wie dieser Bot ist eine Verstärkung, um sehr schnell an die Spitze zu kommen. So kann ein Kanal mit seinen Funktionen in nur zwei Tagen verstärkt und verändert werden, außerdem haben Sie die Freiheit, die Anzahl der gewünschten Zuschauer und die Quelle sowie die Häufigkeit der Nachrichten, die im Chat gesendet werden, anzupassen.

Andere Titel von Red Influencer

Geheimnisse für Influencer: Growth Hacks für Instagram und Youtube.

Praktische Geheimnisse, um Abonnenten auf Youtube und Instagram zu gewinnen, Engagement zu erzeugen und die Reichweite zu vervielfachen.

Beginnen Sie, auf Instagram oder Youtube zu monetarisieren?

In diesem Buch finden Sie Hacks, um Ihre Reichweite zu erhöhen. Geheimnisse für direkte und klare Influencer wie z. B.:

Instagram-Beiträge automatisieren
Wie man Traffic auf Instagram generiert, 2020 Tricks
Instagram 2020 Algorithmus, erfahren Sie alles, was Sie wissen müssen.
Instagram-Tipps zur Verbesserung der Interaktion mit unseren Followern
18 Wege, um kostenlos Follower auf Instagram zu gewinnen
Lernen Sie mit uns, wie Sie Ihr Instagram-Profil monetarisieren können
Wichtige Websites, um schnell Follower auf Instagram zu bekommen
Instagram 2020 Trends
Leitfaden 2020: Wie man ein Youtuber wird
Wie man ein Youtuber Gamer wird
2020 Hacks, um mehr Abonnenten auf YouTube zu bekommen
Hacks zum Ranking Ihrer YouTube-Videos im Jahr 2020
Hack für Youtube, Pause-Taste für Abonnement-Taste ändern

Ein Buch, mit dem Sie sowohl die allgemeinen Aspekte als auch das, was es braucht, um vom Beruf des Influencers zu leben, kennenlernen werden.

Wir gehen offen mit Themen wie dem Kauf von Followern und Hacks zur Verbesserung der Interaktion um. BlackHat-Strategien zum Anfassen, die sich die meisten Agenturen oder Influencer nicht trauen zu erkennen.

Bei Red Influencer beraten wir seit mehr als 5 Jahren Micro-Influencer wie Sie, um ihre Content-Strategie zu erstellen, ihre Reichweite und Wirkung in Netzwerken zu verbessern.

Wenn Sie ein Influencer werden wollen, ist dieses Buch ein Muss. Sie müssen sich Wissen über Plattformen, Strategien und Zielgruppen aneignen und wissen, wie Sie maximale Sichtbarkeit erreichen und Ihre Aktivität monetarisieren können.

Wir haben Erfahrung mit Influencern aller Altersgruppen und Themen, und Sie können auch einer sein.

Holen Sie sich dieses Buch und wenden Sie die professionellen Geheimnisse an, um Follower zu gewinnen und ein Influencer zu werden.

Dies ist ein praktischer Leitfaden für Influencer auf mittlerem und fortgeschrittenem Niveau, die nicht die erwarteten Ergebnisse sehen oder die nicht weiterkommen.

Strategie und Engagement sind ebenso wichtige Faktoren wie die Anzahl der Abonnenten, aber es gibt Hacks, um sie zu steigern, in diesem Leitfaden finden Sie viele davon.

Egal, ob Sie Youtuber, Instagrammer oder Tuitero werden wollen, mit diesen Strategien und Schlüsseln werden Sie in der Lage sein, sie in Ihren sozialen Netzwerken anzuwenden.

Wir wissen, dass es nicht einfach ist, ein Influencer zu sein, und wir verkaufen keinen Rauch wie andere. Alles, was Sie in diesem Buch finden werden, ist die Synthese vieler Erfolgsgeschichten, die durch unsere Agentur gegangen sind.

Influencer Marketing ist hier, um zu bleiben, egal was Sie sagen. Und es gibt immer mehr Markenbotschafter. Menschen, die, wie Sie, angefangen haben, an ihrer persönlichen Marke zu arbeiten und eine bestimmte Nische anzusteuern.

Wir lüften im Detail alle Geheimnisse der Branche, die Millionen bewegt!

Sie werden in der Lage sein, unsere Tipps und Hacks auf Ihre Social Media Strategien anzuwenden, um die CTR zu erhöhen, die Loyalität zu verbessern und mittel- und langfristig eine solide Content-Strategie zu haben.

Wenn andere es geschafft haben, mit Ausdauer, Hingabe und Originalität zu monetarisieren, können Sie das auch!

In unserer Plattform redinfluencer.com haben wir Tausende von registrierten Nutzern. Ein Kontaktkanal, über den Sie

Ihre Dienste in einem Marktplatz der Bewertungen für Marken anbieten können, und die regelmäßig Angebote an Ihre E-Mail erhalten werden.